陈孝云的职教理想与情怀

祝吉太　江传瑞　张义廷　◆　著

中国水利水电出版社

www.waterpub.com.cn

·北京·

内 容 提 要

三十功名尘与土，八千里路云和月。陈孝云，这位矢志不渝的新时代职教强国的追梦人，以满腔热血和深厚情感，为我国职业教育领域绘就了一道绚烂的彩虹，引领无数青年学子迈向光明的未来。

本书深入细致地描绘了他身为教育家、企业家和武术家丰富的实践经验、教育心得和对职业教育的独特见解。陈孝云的追梦之路不仅彰显了他对教育事业的深厚情感与不懈追求，更展现了他对职业教育现状的敏锐洞察和真挚感悟。通过阅读本书，读者仿佛能够亲身走进职业教育的世界，感受其中鲜活的魅力和强大的力量。陈孝云对于职业教育步步精深的探索让人深受启发，也为职业教育的未来发展提供了宝贵的思路和方向。

本书意在与所有职业教育从业者携手共进，共同为培养更多优秀的职教学子而努力。期待更多的有志之士投身职业教育事业，为职业教育的辉煌明天贡献智慧和力量。

图书在版编目（CIP）数据

陈孝云的职教理想与情怀 / 祝吉太，江传瑞，张义
廷著. -- 北京：中国水利水电出版社，2025. 4.
ISBN 978-7-5226-3354-1

Ⅰ. G719.2

中国国家版本馆 CIP 数据核字第 20257V2W67 号

策划编辑：陈艳蕊　　　　责任编辑：邓建梅　　　　封面设计：苏敏

书　　名	陈孝云的职教理想与情怀 CHEN XIAOYUN DE ZHIJIAO LIXIANG YU QINGHUAI
作　　者	祝吉太　江传瑞　张义廷　著
出版发行	中国水利水电出版社 （北京市海淀区玉渊潭南路 1 号 D 座　100038） 网址：www.waterpub.com.cn E-mail: mchannel@263.net（答疑） 　　　　 sales@mwr.gov.cn 电话：（010）68545888（营销中心）、82562819（组稿）
经　　售	北京科水图书销售有限公司 电话：（010）68545874、63202643 全国各地新华书店和相关出版物销售网点
排　　版	北京万水电子信息有限公司
印　　刷	三河市德贤弘印务有限公司
规　　格	170mm×240mm　16 开本　13.75 印张　202 千字
版　　次	2025 年 4 月第 1 版　2025 年 4 月第 1 次印刷
定　　价	68.00 元

序

在时代的洪流中，总有一群以非凡胆识与卓越智慧引领风骚的先锋，他们既在创业的征途中勇闯难关，又在教育的沃土中精耕细作，以实际行动深刻诠释了"不忘初心，牢记使命"的时代强音。陈孝云正是这样一位兼具教育家与企业家双重身份的杰出代表，《陈孝云的职教理想与情怀》一书细致入微地勾勒了陈孝云的经历与教育理念，为我们展开了一幅追梦者不懈奋斗、成就非凡的壮丽图景。

随着社会的飞速发展，教育作为推动社会进步与文明传承的核心驱动力，正经历着前所未有的深刻变革。职业教育，作为国家教育体系的重要组成部分，凭借其独特的价值魅力，日益凸显为连接理论知识与实操技能的坚实桥梁，成为培养未来工匠与行业领袖的关键阵地。党的二十届三中全会提出，"加快构建职普融通、产教融合的职业教育体系""着力培养造就卓越工程师、大国工匠、高技能人才"。作为职业教育的探索者与引领者，陈孝云积极响应国家深化职业教育改革的战略部署，他以前瞻性的职教视野和深厚的教育情怀，为职业教育绘制了一幅幅充满希望与活力的蓝图。

陈孝云的创业之路是挑战与机遇并存的辉煌征途。他以无畏的勇气、坚定的信念，不断探索、敢于实践，成功创立了具有广泛影响力的事业版图。在创业过程中，他展现出卓越的商业洞察力和非凡的领导力，将一个个创新构想转化为现实成果，为安徽绿海商务职业学院的蓬勃发展奠定了坚实的基础。对他而言，创业不仅是个人价值的实现，更是对社会责任的担当与贡献，彰显了新时代企业家的使命与担当。

作为教育事业的忠诚守望者，陈孝云深知职业教育的深远意义，致力于创办一所能够紧密对接社会需求、促进学生全面发展的现代职业院校。他坚信，职业教育不仅仅是技能的传授，更是人格的塑造、智慧的启迪与潜能的激发。

因此，他坚持以学生为中心，注重学生的全面发展，致力于构建一支高素质、专业化的师资队伍，为学生提供丰富的教学资源与实践平台，助力学生成长为既有专业技能又有高尚品德的新时代人才。

在办学实践中，陈孝云始终秉持"目标引领方向，教育强国报国"的崇高使命，以"内修德行、外展才华"的育人理念为指引，不断探索和实践职业教育的新模式、新路径。他创建的星青年人才培养模式，本着"理想信念坚定、家国情怀深厚、专业技能过硬、综合素质全面、乐于奉献社会"的培养目标，不仅聚焦于学生专业技能的精进，更强调综合素质的提升与创新创业能力的培养，为培养具有创新精神、实践能力的高素质技能型人才开辟了新路径，有力推动了职业教育与经济社会发展的深度融合与协同发展。

尤为难能可贵的是，陈孝云在办学过程中始终保持着对教育事业的无限热爱与无私奉献。他深知教育的长期性与艰巨性，因此不遗余力地提升教学质量、优化教育资源、改善办学条件，为师生创造了一个温馨和谐、充满活力的学习环境和生活环境。他的这种精神不仅赢得了师生们的广泛赞誉与尊敬，更为职业教育事业的发展树立了光辉典范。

陈孝云的职教理想深深植根于对人的全面发展与社会责任的深切关怀之中。他坚信职业教育是培养新时代工匠的重要途径，旨在将学生培养成为具有社会责任感、创新精神和实践能力的复合型人才。在他的教育理念下，每位学生都被视为独一无二的瑰宝，通过个性化的教学方式与丰富的实践机会得到充分的尊重、发掘与引导，让每一位学生都能在适合自己的舞台上绽放光芒。

本书不仅是对陈孝云创业与办学经历的全面梳理与总结，更是对其职教理想与教育情怀的生动展现，也为广大教育工作者、创业者以及关心职业教育发展的各界人士提供了宝贵的经验与启示，激励我们不忘初心、砥砺前行，共同为我国职业教育事业的蓬勃发展贡献智慧与力量。阅读此书，仿佛与陈孝云一同漫步在职业教育的广阔天地中，感受那份对教育事业的深沉热爱与对学生未来的美好期许，激发我们内心深处的共鸣与奋进的力量。

刘凤泰

教育部高等教育教学评估中心原主任

2025 年 3 月

Contents

目录

第一章

教育启航
——梦想与坚韧的交响

精彩速览

人生因梦想而伟大。梦想从学习开始，事业从实践起步。

学习是立身做人的永恒主题，更是报国为民的重要基础。

—— 题记

陈孝云的名字如同璀璨星辰，在他家乡的天空中熠熠生辉，成为了他家乡的传奇人物。他的成长与奋斗、求学与创业经历，成为青少年励志成才的典范；他不断追求上进、积极有为的精神也一直受到各界的赞许。这些又进一步激发他矢志不渝的奋斗精神，自觉践行胸怀梦想与使命的责任担当，在职教事业上砥砺前行，行稳致远。

一、逆境少年，以武文并蓄改写人生轨迹

20 世纪 80 年代，是一个梦想与激情并存的年代。那时，改革开放的春风刚刚吹拂大地，市场经济悄然萌芽，吸引着不少勇敢的先行者投身创业浪潮。然而，尽管家庭联产承包责任制已拉开序幕，但我国广大农村地区，特别是像合肥西南小庙马场这样的偏远山村，依然笼罩在贫困与落后的阴影之中。

（一）少年辍学挑大梁，稚肩撑起养家天

安徽省小庙镇马场村，一个名不见经传的小村落，雨后初晴，阳光显得格外刺眼，映照在泥泞不堪的乡间小路上。就在这条曲折难行的路上，一位面容清秀的青年正奋力推着一辆载满货物的车子前行。他弓着背、弯着腰，汗水浸湿了衣衫，倔强地、一步一步地向前挪动着，那双紧握车把的手却异常坚定。这位青年，正是陈孝云。他虽然身形单薄，却仿佛有着使不完的力气，每一步都透露着不屈与坚持。那时，他刚从初中辍学，因家庭贫困和早年的不幸，不

得不踏上这条异常艰辛的生活道路。

他的家庭，和千千万万个农村家庭一样，父母终日辛勤劳作于田间地头，但受限于落后的生产条件，纵然他们早出晚归，勤勉不辍，所收获的粮食也仅够勉强糊口，养育家中四个孩子更是艰难万分。当时还需要承担缴纳公粮的责任，这更使得他的家庭状况每况愈下，连基本的温饱都成了奢望。对陈孝云而言，童年最深的烙印便是"饥饿"。为了节省每一粒粮食，全家人常常过着半饱不饥的日子。

年少的他，或许还略带顽皮与不解世事，在这份稚气之下，更多的是对家庭困境的敏感与感知。他的处境，不仅让父母心疼不已，也牵动了邻里乡亲们的心。那些心地善良的亲戚和邻居，目睹了这家人的不易后，纷纷伸出援手，尽自己所能给予帮助，这些温暖的举动对他来说，无疑是冬日里的暖阳，让他至今难以忘怀，心中满是感激。

为了维持生计，他的父亲尽管身体虚弱，还是拉起了平板车，装上一车车沉重的石头，开始从事搬运的重体力工作。每当遇到陡峭的山路，父亲不得不跪在地上，用尽全身力气拖拽车辆前行，这一幕幕场景，如同利刃一般一次次刺痛着陈孝云的心。然而，这样的辛劳非但没有改善家庭的生活状况，反而让父亲的身体每况愈下，最终被沉重的负担压垮。陈孝云看在眼里，内心充满了无尽的痛苦和忧虑。可祸不单行，陈家在村子里孤立无援，常因一些诸如豢养牲畜、放水灌溉等琐碎小事与乡邻发生摩擦。这导致他们频繁受到大户人家的欺凌，对方不仅上门辱骂，甚至动手动脚，这一家人只能默默承受，心中满是委屈与无奈。

穷人的孩子早当家。面对生活的拮据和环境的挑战，陈孝云比同龄人多了一份成熟与坚韧。在无奈之下，他做出了一个令人心酸的决定——暂时放下书本，转而勇敢地扛起了家庭的重担。从此，他踏上街头巷尾，穿梭于南北之间，靠着自己的勤劳与智慧，做起了小本买卖，一步步开启自己的经商之路。这段经历，让他的人生轨迹充满了不同寻常的色彩。

那时，他凭借一辆老旧的自行车，穿梭于四季之间。春光明媚，他载着希望的种子，挨家挨户地推销；夏日炎炎，他推着装满冰棍的小车，为路人带去一丝丝清凉；秋风起时，他忙着收集棉花和自家养的土鸡，向市场供应；冬日严寒，他又忙着贩卖新鲜的蔬菜和自家产的鸡蛋。为了增加收入，他还和兄弟姐妹一起，不辞辛劳地圈栏养鸡，其中的汗水与努力，不言而喻。

日复一日，他总是在晨曦初露时出发，又在夜幕低垂时归家，这样的生活虽然辛苦，但每一分微薄的收入都让他感到踏实。看着家里的条件逐渐改善，父母的脸上绽放出越来越多的笑容，他的心里也充满了快慰和喜悦。这段经历，让他第一次深刻地感受到了劳动带来的尊严和价值，也让他更加坚定了通过自己的双手改变命运的决心。

（二）觉醒少年志四方，誓以追梦绘青春

那个时期，他时常沉思：人生刚刚启航，难道就这样被既定的命运束缚？真的要安于现状，碌碌无为吗？经过一番深思之后，他豁然开朗："我应当怀抱更大的梦想，追求更高的目标，为改变家庭命运、实现自我价值而努力！"

恰逢其时，电影《少林寺》风靡全国。机缘巧合下，陈孝云邂逅了这部影片。影片中的千年古刹神秘莫测，武术技艺精妙绝伦，主题音乐扣人心弦，情节曲折引人入胜，每一幕都深深吸引并触动了他。观影后，他夜不能寐，心中涌起一股强烈的念头：若我也能习得一身武艺，便能保护自己，强身健体，更能见义勇为、伸张正义，尽显英雄本色。男儿当自强，勇猛刚健才是真本色。然而，离家远行，远离父母与家庭的温暖，又让他犹豫不决。经过一番激烈的思想挣扎，他猛地站起，双手紧握成拳，高高举起，心中暗自坚定："决定了，我要去少林寺习武学艺！"

次日清晨，他未向父母透露半分，只简单收拾了几件行囊，揣着辛辛苦苦积攒的 1500 元，悄悄踏上了追梦之旅。路途上，饥饿与艰辛如影随形，但他全然不顾，也毫不畏惧。因为满腔的激情、执着的梦想足以成为他克服一切艰难

险阻的力量源泉，引领他勇往直前。历经波折，他终于抵达了梦寐以求的少林寺。站在那古朴庄严的山门前，他庄严立誓：学不成才，誓不还乡！

（三）少林岁月磨砺志，追梦路上汗如雨

少林寺，这座融合了佛学与武术的胜地，见证了陈孝云的蜕变。在这里，他一切从零开始，伴随着清晨的钟声和夜晚的鼓声，他刻苦训练，勤奋学习，对待每一个招式都力求准确无误，一丝不苟。师傅的教诲如同灯塔，照亮了他的前行之路——无志者难成良才，无恒心者难成大器，无德行者难以真正成才。为了能在少林寺继续深造武艺，陈孝云几乎达到了废寝忘食的地步，除了必要的饮食与休息，他的全部心思都倾注在了武艺的提升上。他深知，只有不断努力，才能在这片武学沃土上生根发芽，茁壮成长。

离别家乡八个月之久，陈孝云的父亲历经重重困难，终于辗转找到了少林寺。当那心心念念的身影出现在眼前时，他心中五味杂陈，竟一时难以面对，转过身，泪水悄然滑落。望着儿子简朴的衣裳、晒得黝黑的脸庞，还有那略显清瘦的身躯，老父亲的心被深深刺痛了，当即想要带儿子回家。陈孝云深知父亲的担忧与不舍，他诚恳地向父亲道歉，为之前的不辞而别表达歉意，并温柔地安抚着父亲的情绪。随后，他迅速调整好自己的心态，坚定地对父亲说："爸爸，您别难过了，也别再为我担心，我在这里一切都好。"他顿了顿，语气更加坚决，"您就别再劝我回去了。既然我已经选择了这条路，就会坚持到底，决不轻言放弃！"

武姿掠影

日复一日地坚守，脚踏实地地前行，陈孝云逐渐体会到"宝剑锋从磨砺出，梅花香自苦寒来"的深刻哲理。少林习武之路，实则是一场身心的修行，冬练三九不畏严寒，夏练三伏不惧酷暑，外强筋骨，内练气息。在这条充满

挑战的路上，唯有如钢铁般坚韧的意志，方能助他跨越重重难关。

此时的陈孝云，心无旁骛，心向武学。他深知，要想在武学上有所成就，就必须拥有不屈不挠的精神，勇于挑战自我，克服常人难以想象的困难，付出比常人更多的努力。因此，每当夜幕降临，当其他师兄弟都已休息时，他仍默默来到寺院一处静谧的角落，借着微弱的月光，独自练习少林金钟罩、铁布衫等绝技。他用自己的脑袋和肩背，一次次地撞击坚硬的墙面，那沉闷的声响，在寂静的夜晚显得格外清晰，甚至惊扰了附近修建铁路的工人们。

起初，工人们被这突如其来的声响弄得一头雾水，误以为发生了地震。待情绪稍定，一位中年女士率先走出工棚，满脸怒气地指责他扰人清梦。然而，就在这时，一位身着军装、气质不凡的男士站了出来。他先是安抚了女士的情绪，转而以赞赏的目光看向陈孝云，说道："这孩子如此刻苦练功，实属难得，其精神值得我们所有人学习。他或许也有不得已的苦衷，大家多多理解吧。"临别之际，这位男士还特意向陈孝云招手致意，并鼓励道："小伙子，好样的！如果你将来有志于参军报国，定会全力支持你。"

（四）辛勤耕耘终不负，少年光芒耀四方

时光荏苒，那段既艰难又充实的日子悄然流逝。在少林寺的佛武文化熏陶浸润下，他不仅感悟了深刻的人生哲理，打下了坚实的武术基础，更重要的是，锻造出了自强不息、刚健有为的精神风貌。

随着时间的积累，陈孝云的努力终于被看到了。在寺院组织的比武大会上，他大放异彩，一段精彩的武功秘籍解说，一套行云流水的武术套路，以及一场惊心动魄的散打对决，全面显示了他的天赋、积累和实力，

虚心学艺

赢得了满堂彩，也引起了高僧释果常大师的注意。在大师的慧眼识才与力荐下，陈孝云有幸加入了少林寺武术表演队，即著名的武僧团。

陈孝云加入武僧团后，不仅没有了学费的负担，还能通过演出获得一定的补贴。对于这份难得的习武与深造机会，陈孝云倍加珍惜。在武僧团期间，他更加严格要求自己，训练强度近乎苛刻，武艺因此突飞猛进，迅速成为表演队的中坚力量。他跟随少林寺武僧团走遍大江南北，进行了上千场次的表演，精通各种兵器，尤其是擅长少林气功和散打，技艺日益精湛。

二、学成荣归，筑梦家乡创业新篇章

艰难困苦，玉汝于成。假如陈孝云选择继续留在这条路上，或许会成为少林寺内备受尊敬的教练，或者远赴海外传授少林功夫，甚至有机会踏入影视圈，成为一名动作演员，未来充满了无限可能。然而，出于对故土的深情厚谊，也受师傅在家乡办武校的鼓舞，陈孝云心中燃起了"弘扬武术国粹、振奋民族精神"的强烈愿望。1992 年，他毅然决定告别恩师，手

陈孝云在少林寺完成学业

持少林寺的正式推荐信，在六位少林武僧团师兄弟的陪伴下踏上了归乡之路，共同在家乡创立了少林武校。这标志着他创业旅程的正式启航。

陈孝云和他的民办教育旅程，历经三十载春秋，可以精练地总结为"尚武崇文，向海图强"。这漫长的探索与建设，自然而然地划分为两个重要阶段。

起初的十五年，是"白手起家，尚武崇文"的奠基时期。陈孝云从创办一所专注于武术教学的小学起步，凭借着不懈的努力与坚持，学校逐渐发展壮大，不仅保留了武术这一传统文化精髓，还融入了文化教育，逐步构建起涵盖小学、初中、高中乃至中专的武术教育体系，实现了从单一到多元、从基础到

专业的跨越。

随后的十五年，则是"转型升级，向海图强"的辉煌篇章。在这一阶段，他高瞻远瞩，将目光投向了更广阔的天地——高等教育。于是，安徽绿海商务职业学院应运而生，标志着他的教育事业迈入了全新的高度。从中专教育的精耕细作，到成功转型为大学教育，每一步都凝聚着汗水与智慧。如今，这所学院不仅在国内民办教育领域占有一席之地，更荣膺全国民办百强学校之列，彰显了其强大的办学实力与深远的社会影响力。

整个历程，陈孝云和他的团队以实际行动诠释了"尚武崇文"的教育理念，即在弘扬武术精神的同时，不忘文化滋养；而"向海图强"则体现了他们勇于开拓、不断进取的精神风貌，向着更加辽阔的教育蓝海进发，书写着属于自己的辉煌篇章。

（一）创业启航，信仰与传承的双重交响

陈孝云选择回乡创业，毅然开办了武校，此时恰逢我国民办教育蓬勃发展的黄金时期。改革开放的春风为民办教育这片沃土带来了生机与活力。在那个百废待兴、充满希望的年代，民办教育迎来了前所未有的发展机遇，为像陈孝云这样的创业者搭建了广阔的舞台，提供了施展才华、实现梦想的机遇。

陈孝云创办武校的初衷纯朴而深远：他希望能将中华武术的精髓传承下去，同时让这份宝贵的文化遗产惠及家乡的孩子们。学校的办学宗旨简单而温暖：成就一个孩子，幸福一个家庭。办学路上，陈孝云始终不忘恩师的教诲，他将少林武术的精神与当代社会的价值观相融合，坚持在传授武术技艺的同时，注重培养学生的武德，立志为社会服务，为国家争光。

武校的大门向广大农村及贫困家庭的孩子敞开，特别是那些因父母外出务工而成为留守儿童的孩子们。在那个特殊时期，武校不仅解决了他们的教育问题，还为他们提供了学习武术、拓宽视野的新途径，满足了社会对武术人才的需求。

"一位从少林寺归来、武艺不凡的青年，传习少林禅武文化""他创办了

一所既传授武术技能又教授文化课程的学校，而且还是能够照顾学生生活起居的寄宿制学校"，这一消息迅速在乡间传开，引起了广泛的关注。

学校的建立，得到了安徽省体育局、肥西县教育局和体育局的格外重视和大力支持，社会各界的目光也纷纷聚焦于此。陈孝云和他的武校，很快成了大家热议的话题，受到了家长们的热烈欢迎和高度评价。

（二）梦在远方，心怀壮志跨越荆棘

随着各项准备工作的就绪，学校正式开启了招生工作。不久之后，迎来了开学的日子。对于陈孝云而言，那天的开学典礼意义非凡，是他人生中最为难忘、幸福且充满成就感的时刻。老师们脸上洋溢着温暖的笑容，孩子

首届开学典礼之际，陈孝云与少林寺众武僧合影

们心中则充满了对未来学习的期待与喜悦，整个校园洋溢着和谐与欢乐。

事非亲历不知难，武校的创办之路，是从无到有的艰难跋涉。起初，学校落脚在安徽省肥西县小庙镇马场村的一个不起眼的角落，那里仅有一片小院，两座朴素无华的平房，四周环绕着广袤的农田。资金短缺、经验不足、师资匮乏，是摆在陈孝云面前的三座大山。

建校初期，招生是一道亟待跨越的难关。家长们普遍心存疑虑，担心孩子在武校能否真正学到武术精髓，又是否会耽误文化课学习，进而影响未来的升学与就业。面对这些质疑与观望，陈孝云亲自上阵，深入家庭，耐心细致地向家长们阐述办学理念，解答他们的每一个疑问。同时，他还与少林寺武僧团派来的六名资深教练一同为家长和孩子们奉上了一场精彩的少林功夫表演，并详细介绍了学校开设的文化课程及师资配置，逐步消除了家长的顾虑。通过不懈地努力，学校的生源逐渐稳定，发展步入正轨，社会声誉也日益提升。

在办学过程中，学校也曾遭遇过个别不法分子的滋扰，这些人仗势欺人，多次对学校进行挑衅。然而，陈孝云始终保持着冷静与克制，他的一再忍让并未换来对方的收敛，反而助长了对方的嚣张气焰。终于，在一次忍无可忍的冲突中，陈孝云凭借深厚的武术功底，以一己之力震慑了对方，维护了学校的尊严与安宁。自此，陈孝云的名声更加响亮，那些不法分子再也不敢踏足学校半步。

尽管创业初期条件艰苦，但陈孝云与全体教师团队凭借着对武术事业的热爱与执着，用心用情地经营着这所学校。他们的努力没有白费，武校的影响力逐渐扩大，成为了安徽省内外知名的教育机构。在当地党委政府和社会各界的关心与支持下，学校于1996年迁至肥西县城，并在随后的几年里不断发展壮大。1998年，校园扩建工程正式启动，省市县领导亲临现场指导；同年年底，肥西中等少林武校新校在桃花镇挂牌成立。2002年，学校更名为合肥恒缘少林文武学校，开启了新的发展阶段。

（三）匠心筑梦，职业坚守中的卓越之旅

作为创业者，陈孝云始终保持着敏锐的洞察力与前瞻的视野。他紧抓国家大力发展民办教育及合肥大学城建设的机遇，果断注册"恒缘"教育机构，实施品牌化发展战略。在他的带领下，学校不断开拓创新，追求卓越，为培养更多优秀的文武双全人才而不懈努力。

在那段日子里，陈孝云身兼数职，既是校长又是老师，还要处理学校的各项琐碎事务。面对简陋的办学条件和层出不穷的困难，他没有退缩，而是与团队成员并肩作战，携手前行。在缺乏资源的情况下，他们自力更生，创造条件；面对难题，他们集思广益，共同寻找解决方案。这份同舟共济的精神，让创业的过程虽苦犹甜，充满了挑战与乐趣。

回顾那段时光，虽然条件艰苦，但每个人的心中都充满了对未来的憧憬与希望。在共同的奋斗中，他们不仅见证了武校的从无到有，更收获了宝贵的经

验与深厚的情谊。这段经历无疑成了他们人生中最宝贵的财富之一。

幸福是奋斗出来的。从 1992 年到 2002 年，这十年间，陈孝云创办的学校历经风雨洗礼，实现了从初创仅开设的武术培训班逐步发展为集小学、初中、中专于一体的文武学校的华丽转身。这段历程见证了梦想从默默萌芽到绚烂绽放的每一个瞬间，是汗水与泪水交织的奋斗篇章，是日夜兼程、不懈追求的真实写照。

十年磨一剑，学校不仅在武术教学上精耕细作，更在文化教育上倾注心血，实现了从"武校"到"文武学校"的全面升级。这十年，是挑战与机遇并存的十年，每一次跨越都凝聚着全体师生的智慧与汗水，再次印证了艰难困苦，玉汝于成。

认真练习的学子们

三、博采众长，求知若渴铸就全面成长

在创办武校之初，陈孝云确立了"文武兼修，德才兼备"的育人宗旨。基于个人成长的深刻感悟，他坚信全面发展与综合素质对一个人的重要性。因此，在组建教师团队时，他精心挑选，引入了技艺高超的武术教练，又聘请了拥有本科学历、教学经验丰富的文化课教师，确保学生能够系统地学习文化课与武术课，两者并重。

在初掌学校的管理与教学指导工作时，由于缺乏实战经验，他时常感到迷茫与挑战重重。他冷静分析后意识到作为学校的领航者，自己必须在理论与实践两方面持续深造，以增强治校能力和教育智慧。于是，他积极投身于学习与提升之中，力求为学校的长远发展奠定坚实的基础。

（一）法海深潜，政法学院筑基行

坚定的信念让他相信，有志者事竟成。在追求更高目标的驱动下，他白天忙于武校的教学工作，夜晚则沉浸在文化知识的海洋中刻苦钻研。1994年，通过不懈地努力，他终于通过自学考试，被河南省政法管理干部学院录取，当时这所学校有着"中央第二政法学院"的美誉。陈孝云的这一选择，缘于港台影视剧中威严的大法官，他们在法庭上义正词严地捍卫正义，深深触动了陈孝云。法官以法律为剑，守护公平与正义，这既是对国家法律的忠诚，也是对群众利益的守护，这与武术中的侠义精神不谋而合。

在政法学院求学的三年里，他肩负着武校发展的重任，时间被严格分割，所以他只有一半的时间在校学习，频繁切换于两个截然不同的领域，其艰辛可想而知。但责任感一直激励着他克服重重困难。因此，他比其他同学更加勤奋好学，成绩斐然，赢得了师生们的广泛赞誉，并担任了班长一职。每次从武校回到学院，他总不忘带上家乡的特产与同学们分享，那份真诚、豁达、善良与友爱，让他的人格魅力日渐彰显。而他作为少林武僧、武校校长、创业者的特殊身份，更是吸引了众多师生的目光。

通过三年不懈地奋斗，陈孝云不仅以优异的成绩获得法学专业的毕业证，更在中原文化的深厚底蕴中锤炼出了宽广的胸怀和高尚的品格。大禹治水的为民情怀、岳飞精忠报国的英勇精神，都深深地影响着他，促使他精神升华，视野开阔，格局提升。与此同时，他的武校也迎来了新的发展阶段，从肥西小庙搬迁至肥西县城，名声大噪，迎来了更加辉煌的未来。

（二）体魄与智慧并重，体育学院深思悟

1996年，武汉体育学院（以下简称"武汉体院"）向全国学子敞开大门，其中武术专业尤为注重吸纳拥有扎实武术功底的学生，尤其是来自少林派系的弟子。凭借在少林武僧团的历练以及在全国武术散打邀请赛中取得的佳绩，陈

孝云脱颖而出，被武汉体育学院武术系特招录取，正式成为国家统招体系下的一名大学生，踏上了新的学习征途。

来到武汉体院，陈孝云满怀热情，更加奋发图强。清晨，他迎着东湖边的薄雾与轻拂的杨柳，无暇顾及沿途美景和晨练的人们，只顾埋头疾跑，用汗水浇灌梦想。训练房内，他内外兼修，既锤炼精神与气力，又精进手眼身法步的各项技能。日复一日地刻苦训练，让他的体魄日益强健，武术技艺也更加精湛，实力显著增强。

得益于少林武艺的坚实基础，加上武汉体院教练的悉心指导，陈孝云在武术赛场上大放光彩、屡战屡胜，展现出了卓越的对抗能力和高水准的搏击技术。在紧张的训练与比赛之余，他还积极参加学院组织的各类文体活动和社会实践，并因出色表现被选为武术系学生会主席。这一角色不仅锻炼了他的组织策划能力，还让他在沟通协调和社会交往方面有了显著提升。在校期间，他多次荣获"优秀学生干部""武术训练标兵""社会实践先进分子"等荣誉称号。两年后，陈孝云顺利毕业，收获了沉甸甸的毕业证书、国家二级运动员证书以及就业派遣证，为自己的大学生涯画上了一个圆满的句号。

临近毕业，武汉体院武术系的掌门人——享有盛誉的八段武术大师江白龙教授亲自向陈孝云发出了邀请，希望陈孝云留在本地，共同为传承和发扬中华武术这一国粹，特别是少林武术的辉煌贡献力量。这份来自母校的深情厚意让陈孝云倍感温暖与荣幸，能被这样一位武学泰斗认可，他感到无比幸运。然而，内心的声音告诉他，自己更渴望回到家乡，那里有一所他倾注心血的武术学校等待着他。他梦想着在那里继续深耕武术教育，不遗余力地推广中华文化，培育出更多优秀的武术接班人。

在深思熟虑后，陈孝云鼓起勇气，向江白龙教授坦诚了自己的打算与愿景。令他意外的是，江教授听后非但没有失望，反而展现出了高度的理解和支持，对陈孝云的志向给予了充分的赞赏。这份理解与鼓励，如同春风化雨，让陈孝云更加坚定了前行的步伐。不久后，江白龙教授更是亲自前往陈孝云的武术学

校进行考察与指导，不仅实地了解了学校的运作情况，还与陈孝云及师生们亲切交流，用他那充满热情的话语激励大家，勉励陈孝云坚持办学育人，努力培养既有高超武技又具备良好品德的武术人才，为母校增添光彩，也为中华武术的繁荣发展贡献力量。

回顾这段学习时光，陈孝云深感最大的收获源自武汉体院株洲校区的日子。得益于地理位置的优势，他有机会和师生们一同前往韶山，怀着崇敬之情瞻仰了毛泽东故居。在那里，墙上镌刻的青年毛泽东曾经写下的一首诗，深深触动了他的心弦——"孩儿立志出乡关，学不成名誓不还。埋骨何须桑梓地，人生无处不青山。"这首诗让他感受到，在国家民族危难之际，青年毛泽东以诗言志，展现出非凡的气魄与坚定的决心，立誓成才报国，且一生都在践行誓言，为国家、为人民奉献了一切，充分体现了成才报国的崇高追求、知行合一的宝贵精神和无私奉献的深情厚谊。

作为当代青年，他深受启发，心中不禁生出敬仰之情，并思考着自己应当如何效仿前辈，将这份精神传承下去。这番深刻的感慨和思考，成为他坚定理想信念、矢志不渝投身教育事业、报效国家的重要动力之一。他深知，个人的成长与国家的命运紧密相连，唯有不断学习，积极实践，方能不负韶华，为国家的繁荣富强贡献自己的一份力量。

在武汉体院学习与锻炼期间，陈孝云全面而系统地学习了体育教育，这为他的专业知识打下了坚实的基础。他不仅深入了解了武术的发展脉络和理论精髓，还掌握了武术教学训练的模式、课程体系构建、比赛规则以及武术院校的管理运营之道，这些宝贵的知识与经验对他日后回乡振兴武校起到了至关重要的支撑作用。陈孝云的武校不断发展壮大，它犹如一艘乘风破浪的航船，顺利地完成了二期扩建工程，并成功迁至合肥经济技术开发区，迎来了新的发展阶段。

（三）干部培训磨砺锋，领导力再提升

校长是学校的灵魂，在学校发展中居于核心地位，起着关键作用。面对学

校规模的扩大和教育改革的浪潮，陈孝云又有了更为深远的思考。他愈发意识到，作为校长，必须不断提升自身的专业化和职业化水平，紧跟教育发展的步伐，敏锐捕捉新形势下的教育特点与趋势，积极吸纳并实践先进的教育理念和管理方法，以确保学校能够持续健康发展，为社会培养更多优秀的武术人才。

2003年，正值武术学校成立十周年之际，陈孝云带领学校中层管理团队前往北大附中，参加全国基础教育管理干部培训班。这期间，他们有幸与前教育部基础教育司司长王文湛、北京师范大学知名学者肖川教授等教育界的领导和专家相遇。通过聆听这些领导和专家的专题报告，陈孝云及其团队不仅获得了宝贵的理论知识，还通过面对面的深入交流，以及和同行校长们在小组中的深入研讨，对教育现代化有了全新的认识和理解。北大附中的先进办学经验和育人理念，更是为他们提供了宝贵的借鉴和启示。

临别之际，肖川教授还特别向陈孝云赠送了一本名为《教育的理想与信念》的专著，这份厚礼不仅是对他们学习成果的认可，更是对未来教育探索的鼓励。此次培训，不仅显著提升了学校管理干部的办学治校能力，更在陈孝云及其团队成员心中种下了坚定办好教育的种子。

同年，陈孝云又踏上了安徽师范大学合肥中学校长班的学习征途。在接下来的三年里，他全身心地投入到教育管理专业的系统学习中，掌握了教育学、教育管理学、教育心理学等核心知识，并顺利取得了教育学的硕士研究生学历。这段学习经历为他日后的教育管理工作奠定了坚实的理论基础。

在此期间，他还积极参与了合肥市中学间的互访交流考察活动，实地考察了多所兄弟学校的办学情况，与众多知名校长和教育专家建立了深厚的友谊。大家互相分享经验，交流心得，共同寻找提升教育质量的有效途径，这一过程无疑加速了陈孝云个人及团队的成长与进步。

时间转至2005年前后，武术学校迎来了前所未有的迅猛发展期，全国范围内武术学校数量激增至一万两千多所，武术教育市场竞争日趋白热化。在全国武校校长培训班上，国家体育总局武术管理中心领导对此表达了深深的忧虑。

他们预见，随着武术学校发展高峰期的到来，随之而来的很可能是行业的衰落。事实上，已有一小部分实力较弱的武术学校在激烈的竞争中率先倒下。

更为严峻的是，武术学校的毕业生在就业市场上遭遇了重重困难，这进一步导致了武术教育的社会认可度和信任度急剧下滑。可以说，那时的武术学校普遍面临着巨大的发展压力，行业内外都弥漫着一种紧迫感与危机感。

（四）研习商学求转型，商海泛舟新视野

面对事业发展的重重压力与内心困惑，陈孝云决心再次踏上求知的征途，寻找突破瓶颈的钥匙。

2005 年，他迈入了南京大学国际商学院的大门，开始了新的学习旅程。这段日子里，他频繁往返于合肥与南京之间，驾驶途中虽奔波不停，但心中那份对知识的渴望与追求却愈发坚定。在南京大学，他系统学习了《管理经济学》《管理思维与商业逻辑》《运营管理》及《商业模式实践案例剖析》等系列课程，每一堂课都让他受益匪浅。

为了充分利用在南开大学的学习时光，他不仅在课堂上认真听讲，课余时间也积极参与各类专家教授的专题报告会，不断汲取新知识。同时，他还就武校的未来发展等议题向名师大家请教，虚心听取他们的意见和建议。

他山之石，可以攻玉。这次三年跨学科的学习经历，极大地拓展了陈孝云的视野，让他对五色斑斓的商业世界有了更深的理解和浓厚的兴趣。商业经济的运营模式、发展现状与未来趋势、新兴业态与模式的变革，都如同一扇扇新窗，为他展现了不同的世界。他深刻体会到，尽管不同行业各有其发展规律，但它们之间往往存在着千丝万缕的联系，教育与商业亦不例外。

陈孝云意识到，教育的发展既要遵循教育自身的规律，也要适应教育市场的变化。他开始思考如何借助市场力量为教育开辟更广阔的发展空间，如何利用商业思维为教育注入新的活力与动力。这一转变，不仅为他个人的事业发展指明了方向，也为他所在的武术学校带来了全新的发展机遇。

四、矢志职教，坚定踏上教育征程

山重水复疑无路，柳暗花明又一村。在经过一番深入思考与激烈讨论后，他的思维仿佛拨云见日，变得更加清晰，仿佛透过了重重障碍，预见到了一条更加宽广的未来之路。

自20世纪末至21世纪初，我国民办教育领域迎来了政策法规的逐步完善期，一系列举措极大地加快了民办教育的发展步伐。随着《中华人民共和国教师法》《中华人民共和国教育法》《中华人民共和国职业教育法》等法律相继出台，其中不乏针对民办教育的条款。特别是1993年《民办高等学校设置暂行规定》的发布，以及1997年《社会力量办学条例》的颁布，后者作为我国首部民办教育行政法规，标志着民办教育正式步入法治化、规范化的新阶段。同时，各地也纷纷出台配套政策，为民办教育营造了良好的发展环境。

进入新世纪，安徽省政府积极响应，在《安徽省国民经济和社会发展第十一个五年规划纲要》明确提出教育优先发展战略，特别强调了职业教育的重要性，并规划了构建现代职业教育体系的具体路径。其中，"双百工程"旨在提升高等教育质量，增强高校科技创新与国际化水平，为民办教育的高质量发展注入了强劲动力。

陈孝云深入研读国家和安徽省的相关政策法规，信心倍增，方向明确。他带领董事会精心策划，决定将民办中专升级为高等专科学校，开启了学校转型升级的新篇章。经过不懈努力，学校在基础设施建设、教学设备更新、专业设置优化、师资队伍建设及资金投入等多个方面实现了质的飞跃，最终成功达到了申办专科学院的标准。

2007年5月19日，安徽绿海商务职业学院正式挂牌成立，标志着"绿海"航船正式启航。绿海学院首年招生即达2100人，三年内迅速增长至6000余人。随着管理制度的日益完善，师资力量的持续增强，管理团队的不断壮大，学院

逐渐形成了独具特色的办学理念和模式，确立了在民办高校中的独特地位，推动了学校各项工作的蓬勃发展。

2007 年 5 月 19 日，安徽绿海商务职业学院揭牌成立

这一系列的成就是陈孝云在事业发展的关键节点上，凭借敏锐的洞察力和坚定的决心，通过不断学习与实践所作出的明智选择，也是他事业征途中的重要转折和胜利。

进入新时代，在陈孝云和学院党政班子的带领下，绿海学院以高站位、高起点、高标准踔厉奋发、勇毅前行，强化党建引领，矢志立德树人，锚定"双高"目标，擘画崭新蓝图，奋力谱写职业教育事业的时代华章。

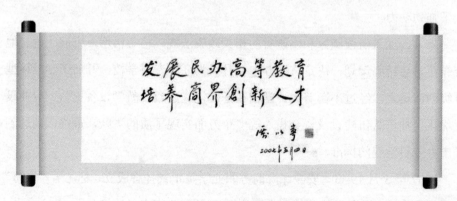

著名经济学家、全国政协原常委、北京大学光华管理学院名誉院长厉以宁教授为学校题名题词

第二章

教育深思

——理念与信仰的探寻

精彩速览

心中有梦，才能行稳致远；努力攀登，才能到达顶峰！这是安徽绿海商务职业学院从萌芽起步到发展壮大 30 年发展历程的真实写照，也是绿海学院陈孝云创新创业、百折不挠奋斗精神的生动体现。

—— 题记

陈孝云对素质教育与职业教育的坚持，源自他个人成长轨迹与办学实践的深刻体会，这是他无悔的选择。这份坚持源自他内心深处的感悟与自觉行动，是面对自身实际，主动开辟一条独具特色办学道路的必然抉择。

他不是教育科班出身，也不是拥有优越创业条件的幸运儿。相反，他自视为职业教育的直接受益者，这份经历激发了他成为职业教育领域的坚定支持者、不懈学习者与实践者。作为一位草根创业者，陈孝云凭借不懈的努力与持续的奋斗，脚踏实地地追求着自己的教育梦想与初心使命。

一、职教理念的多元滋养

绿海学院创立之初，陈孝云便深刻地思索着教育的核心议题：我们的教育究竟是为谁服务？要培养什么样的人才？又该如何有效地进行培养？围绕这些根本性问题，他紧密关联职业教育的总体方针，紧跟职业教育领域的新趋势与新要求，同时结合职业教育特有的育人规律、学院的实际情况以及高职院校学生独有的特点，展开了更为深入细致的考量与广泛领域的探索。

在不懈的探索之路上，陈孝云秉持着边学习、边反思、边实践的原则，逐步深化了对各类文化价值的认识。他深刻意识到，传统文化作为民族之根，为人才培养提供了丰富的精神滋养；红色文化则如同璀璨灯塔，指引着青年学子树立正确的世界观、人生观、价值观；创新创业文化则激发了学生的创造力与拼搏精神，鼓励他们勇于探索未知，追求梦想；而工匠文化则强调精益求精、追求卓越的职业态度，为学生未来的职业生涯奠定了坚实的基础。

通过这一系列的学习与实践，陈孝云不仅加深了对教育本质的理解，也为学院的人才培养工作注入了新的活力与方向。

（一）传统文化——精神的沃土

一次偶然的机会，他结识了香港孔子研究院的副院长，同时也是南京诚明书院院长的徐洪磊老师。在聆听徐老师关于"百善孝为先"的讲座后，他感动得热泪盈眶，心灵受到了前所未有的触动。他未曾料到，孝道这一传统文化竟有如此震撼人心、激发善念的力量。"树欲静而风不止，子欲养而亲不待"这句古语，像一把锐利的刀，深深刺痛了他的心。他回想起母亲含辛茹苦、为家庭无私奉献的一生，最终因积劳成疾离世，而自己却未能充分尽孝，这份遗憾与愧疚如同万箭穿心，让他久久难以释怀。

1. 学习传统文化，浸润心田

从徐洪磊老师的经历中，他得知是传统文化的熏陶让徐老师的人生发生了翻天覆地的变化。徐老师弘扬传统文化，造福天下百姓的宏大志向，深深激励并影响着他。此后，他频繁造访诚明书院，积极参与学习活动，反复聆听徐老师的教诲。

步入书院，一尊庄严的孔子像映入眼帘，伴随着悠扬的《先师颂》乐曲，老师们正齐声诵读经典。楼上，古色古香的布置、典雅的装饰以及弥漫的书香，营造出一种浓厚的文化氛围。隔壁大厅内，文化专家正侃侃而谈，传授智慧。客厅中，身着汉服的女茶艺师优雅地展示茶道，以茶会友，令人仿佛穿越回古代，沉浸于文化的海洋，心灵得以慰藉，情感得以升华，智慧之光也在心中悄然点亮。

在书院的学习过程中，陈孝云深入研读了《孝经》《论语》等经典著作，并聆听了多位知名学者如山东孔子研究院王朝明教授、中央党校王杰教授等的

传统文化讲座。他不仅自己积极学习，还带领团队集体前往书院深造，身体力行地担任义工，热情接待每一位到访的学者，用实际行动支持书院的发展。同时，他还特别安排了一位专职党委副书记在书院挂职副院长一年，以加强学院与书院的交流与合作。每次学习归来，他都组织团队深入研讨，分享心得，不断深化对文化内涵的理解，并将所学融入学院的文化建设和教育教学实践中。

为了进一步弘扬中华优秀传统文化，陈孝云多次邀请诚明书院的老师到学院举办讲座，指导学院的文化传承与创新工作。在他的推动下，学院建立了六艺堂、君子学堂等平台，开设了江淮国学大讲堂，开展了师生经典诵读活动，并实施了"一日一善"和"与圣贤为友，和经典同行"等文化实践活动。这些举措不仅丰富了学院的文化生活，也提升了师生的道德素养，营造了良好的校园风气。

江淮国学大讲堂已成为绿海学院文化建设的重要平台和合肥市城市文化建设的靓丽名片，得到了安徽省委宣传部的充分肯定和高度赞誉

2. 在实践中感受传统文化的力量

2016—2017年间，陈孝云还带领团队参与了诚明书院组织的企业文化巡访活动，走访了浙江方太集团和苏州固锝电子股份有限公司（以下简称"固锝电子"）等企业。方太集团作为一家在厨房电器领域具有影响力的企业，其创始人

茅忠群是一位深受儒家文化影响的儒商。他秉持"不做 500 强，要做 500 年"的理念，将儒家思想融入企业文化，构建了以"仁义礼智信"为核心的价值观体系。方太通过业务培训与传统文化教育相结合的方式，提升员工的综合素质，实现了企品、人品、产品的"三品合一"。陈孝云深刻感受到，这种将传统文化与现代企业管理相结合的模式，不仅提高了员工的工作效率和归属感，还促进了企业的长远发展。

在方太的实地学习和与茅忠群的深入交流后，陈孝云对儒家文化的精髓及其在企业管理中的应用有了更深刻的认识。他引用了儒家经典：为政以德，譬如北辰，居其所而众星拱之，强调道德在治理中的核心地位，而非依赖严苛的法律。进一步地，"道之以德，齐之以礼，有耻且格"让他领悟到，培养员工的羞耻心和自我约束能力远比外在的法律约束更为重要。因此，他总结出一条管理哲学：与其强制管理，不如激发内心的道德力量，用道德和礼仪来引导员工。

固锝电子作为全球二极管生产的佼佼者，其产品遍布全球 43 个国家和地区，拥有庞大的国际客户群。这家公司之所以能够取得如此辉煌的成就，企业文化功不可没。

自 2017 年起，陈孝云两次探访固锝电子，对其独特的"家文化"产生了浓厚兴趣。固锝电子的创始人吴念博先生，深受慈济慈善精神的影响，自 2009 年起便在企业管理中融入中华优秀传统文化，确立了"企业的价值在于员工的幸福和顾客的感动"这一核心观念，并组建了专业的团队来推动企业文化建设。

陈孝云赴苏州参观幸福企业典范——固锝电子

在企业文化分享会上，吴念博董事长详细阐述了"家文化"的八大支柱：从人文关怀到提升员工幸福感，从人文教育促进精神成长到绿色环保理念的实践，从健康促进到慈善事业的积极参与，再到志工（志愿者服务工作的简称）文化的推广和人文记录的保存分享，每一个模块都体现了固锝电子对员工的深切关怀和对社会的责任感。特别值得一提的是，"敦伦尽分"的理念，鼓励员工在各自的岗位上尽职尽责，共同推动企业发展。

固锝电子的企业文化成果显著，不仅在国内产生了广泛影响，还引起了国际社会的关注。2016 年，"苏州固锝践行圣贤文化"作为成功案例被哈佛商学院收录，吴念博董事长也多次受邀在国际舞台上分享"家文化"的治理经验。近年来，固锝电子已成为众多企业学习交流的热门对象，每年接待数千人次的参观学习。

通过深入走访，陈孝云深刻认识到，对于现代企业而言，科技是硬实力，而文化则是软实力。优秀的企业文化能够转化为强大的生产力，推动企业持续健康发展。他分析固锝电子的成功之道在于：领导者的坚定信念和身体力行，全体员工的真心投入，以及顺应国家的方针政策。这些因素共同构成了固锝电子独特的竞争优势，使其在全球市场中脱颖而出。

（二）红色文化——树立正确的三观

红色文化在陈孝云的学习与成长历程中占据了举足轻重的地位，它如同一股不可或缺的力量，深深植根于他的心灵深处，成为滋养他精神世界的宝贵营养。他对红色文化的学习，是全身心的投入，满怀热情与真挚，真正做到了学之深、信之真、用之实。

在这段深入学习的过程中，红色文化如同一座灯塔，照亮了陈孝云前行的道路，使他的信仰信念愈发坚定如磐石，无惧风雨。同时，这段经历也锤炼了他坚韧不拔的意志品质，让他在面对挑战与困难时能够保持不屈不挠的奋斗精神。这种精神力量，对于他克服重重难关、勇于艰苦创业起到了至关重要的作用。

1. 入党，努力学习红色文化

在人生的诸多选择中，信仰之路独一无二，陈孝云铭记于心。回归故里创业后，党委政府的关怀与各级领导的支持，如同灯塔照亮了他的前行之路，不仅坚定了他克服万难、办好教育的决心，更让他感受到了前所未有的温暖与鼓舞。这份温暖，催生了他加入中国共产党的热切愿望，渴望成为党组织中的一员，为党的事业贡献自己的力量。

1995 年，这一愿望终得实现。镇领导亲自与陈孝云交谈，肯定了他的创业成就与正义感，鼓励他积极向党组织靠拢。面对领导的提醒——共产党人的无神论立场，以及自己曾在少林寺习武的经历，陈孝云主动请求组织调查，以表真诚与坦荡。经过严格的考察与培养，党组织最终接纳了他，那一刻，他激动万分，举起右手，面向党旗庄严宣誓，心中涌动着无尽的感慨与激动，彻夜难眠。

回顾童年，家境虽贫，但母亲的教诲如春风化雨，培养了他诚实、正直的品格。家中那幅毛主席的画像，虽年幼不解其意，却在他心中种下了敬仰与热爱的种子。成年后，他更是将助人为乐视为己任，每一次善举都让他感受到内心的满足与快乐。

入党后，陈孝云时刻以党员标准严格要求自己，坚守教育阵地，积极传播正能量。面对社会上的不良风气，他勇于发声，用文字的力量弘扬主旋律，引导学生树立正确的价值观；面对个别媒体的偏颇报道，他及时撰文反驳，召开座谈会，引导学生认清现实，树立正确的人生观和世界观。

他深知"正人先正己，教育者先受教育"的道理，因此不断学习，深化自我修养，更将目光投向了红色革命圣地。韶山之行，让他近距离感受到了毛泽东等老一辈革命家的崇高精神。这次旅行不仅是对他精神的一次洗礼，更是他人生道路上的一座里程碑，让他更加坚定了理想信念，明确了前进的方向。

在工作中，陈孝云始终贯彻党的教育方针，注重学生品德的培养，同时积极参与爱心助学、援济乡邻等公益活动，用实际行动诠释着共产党员的责任与

担当，也因此获得了多项荣誉与表彰。

2. 深刻践行、传承红色文化

在一次针对星青年的导师培训会上，陈孝云深情地阐述了这样一个观点：历史是最佳的教科书，中国革命史则是滋养心灵的宝贵营养。激活我们体内的红色基因，意味着要将党的优良传统与作风薪火相传。这需要我们加强传统教育，让红色基因成为新时代星青年不可或缺的精神坐标。回顾历史，展望现实，唯有将个人命运与国家命运紧密相连的青年，方能成就非凡。我们应当充分利用红色资源，讲述那些生动鲜活的红色故事，通过思政课堂深入剖析党的辉煌历程，以此激发星青年们深厚的爱党爱国情感。同时，我们要深刻体会老一辈革命家革命理想高于天的信仰，"只留清气满乾坤"的高尚人格，以及"敢教日月换新天"的奋斗精神。红色文化不仅是心灵的甘露，更是教育的坚实载体，它能唤醒红色记忆，激励我们勇往直前。

绿海学院党委组织开展党建教育行活动

这番话字里行间透露出陈孝云对红色文化的深刻认同与对星青年成长的深切关怀。实际上，他对红色文化的理解，是多年坚持学习、深入探究、积极实践并不断升华的结果。

与许多同龄人相似，陈孝云在青少年时期便深受红色影片、历史书籍及连环画的影响，对革命英雄充满敬仰，被他们的坚韧不拔与浩然正气深深吸引。投身教育事业后，他对红色文化的学习更是热情不减，乐此不疲，探索的途径也更加多样。

近十年来，陈孝云有幸结识了包括江英在内的多位红色文化专家，并多次邀请如李克农之孙李凯城等重量级人物来校作报告。他系统学习了党史、国史、中国革命史，以及习近平总书记的重要讲话和论述，构建起全面的红色文化知识体系。同时，他多次拜访全国各大红色文化基地，如上海中共一大会址、南湖革命纪念馆、井冈山、韶山毛泽东故居、延安革命圣地等，进行实地学习考察。这些经历不仅丰富了他的学识，对他的精神更是一次次深刻的洗礼。

陈孝云还乐于分享自己的学习成果，通过文章、报告、研讨会等多种形式，与全院师生共同缅怀先烈，增强党性，坚定信念，传承革命精神。作为安徽省红色文化研究会的重要成员，他积极参与组织各类学习研讨和文化交流活动，致力于安徽红色文化的挖掘、研究与推广。

他将红色文化中的精神力量转化为推动事业发展的强大动力，引领学院党委将学党史、悟思想、办实事、开新局作为全体党员干部的自觉行动。学院因此将"党建引领示范校"作为重要发展目标之一，建设了党建文化广场和展馆，举办红色文化报告会、革命英雄事迹网络展播等活动。同时，利用金寨红军广场、渡江战役纪念馆等红色教育基地，开展丰富多彩的实践活动，如红色经典传承、红歌合唱、"星青年说"演讲大赛等，全方位、多角度地传承和弘扬红色文化。

陈孝云将红色文化深深融入学院的事业发展、党建思政工作、队伍建设和校园文化建设之中，以及星青年人才培养的全过程，旨在培养出一批批信念坚定、爱党爱国、艰苦奋斗、无私奉献的新时代青年。

（三）创新创业文化——激活潜力，勇于探索

客观地看，民办教育自诞生之日起，便置身于激烈的竞争环境之中。由于缺少政府的直接保障和稳定的资金注入，它往往难以获得与公办教育完全对等的政策支持。因此，对于民办高校的举办者而言，仅仅怀揣教育的理想与情怀是不足以支撑其长远发展的，必须时刻保持危机感和竞争意识。而这种竞争力的核心，归根结底，源自持续不断的学习能力。

民办教育的领导者，本质上扮演着创业者的角色。他们需要具备敏锐的市场洞察力和强烈的创业意识与能力，运用市场的逻辑和思维方式来引领和推动教育事业的进步。这意味着，在教育的发展道路上，不仅要坚守教育初心，更要灵活应对市场变化，不断适应和满足社会的多元化需求。

1. 多方学习创新创业精神

2003—2005 年，陈孝云踏上了深圳创业训练营的学习之旅。这个训练营是一个集创业教育、研究、孵化及创投基金于一体的综合性平台，旨在为中国有志青年提供全方位支持，助力他们成长为优秀的创业者，同时促进科技成果转化，优化创新创业环境和服务能力。训练营通过融合实战经验与行业理论的教育模式，以及贯穿创业全链条的孵化服务，为学员们提供了包括理论、技术、资金、场地等在内的全面支持。

在训练营中，陈孝云不仅免费学习了涵盖经营、人力资源等在内的百余门在线课程（这些课程精准覆盖了从创业种子期到成熟期的各个阶段），还根据自身需求，深入学习了企业战略、团队领导力、投资融资等高级课程，紧跟技术潮流与市场需求。此外，他还有幸聆听了行业领军人物的精彩报告，内容涉及企业战略规划、运营管理、财务税务、法务知识、项目孵化及商业模式创新等多个维度。这些学习经历不仅深刻改变了他的思维模式，拓宽了他的视野，还显著增强了他的领导力和创业能力。

陈孝云的个人成长历程，正是海纳百川，兼容并蓄，融会贯通，经世致用理念的生动实践。与中国职业技术教育学会建立紧密联系后，在鲁昕会长及李曜升副会长等领导的关怀下，他获得了众多学习交流机会，尤其是党的十九大后，职业教育改革创新的步伐加快，他通过参与一系列学习研讨和考察活动，紧跟国家职业教育政策导向，深刻把握新时代职业教育的新要求、新趋势，汲取先进办学理念与经验，为绿海学院的发展注入了新的活力。

多位教育界领导专家，如教育部高等教育教学评估中心原主任刘凤泰、中国职业技术教育学会副会长李曜升等，被陈孝云的教育情怀和事业心所打动，多次亲临绿海学院指导，提出宝贵建议，不仅促进了学院的发展，也深深鼓舞了全体师生。

2021年，陈孝云参加了全国职业院校校长治理能力提升专题研讨班，为期两周的学习让他收获颇丰，不仅理论知识更加充实，视野也得以拓宽，思想更加开放。特别是浙江金融职业学院周建松书记关于提升高职学校办学治校水平的报告，让他对优秀高职院校的治理要素有了更深刻的理解，也更加明确了作为教育领导者的责任与使命。

中山大学老校长黄达人先生的报告，言辞恳切，理据充分，展现了天人合一、和谐共生的教育理念。他引述武汉大学前校长之言，强调大学应积极响应国家需求，为党和国家培养优秀人才。黄校长指出，高职院校应明确地方性、应用型的定位，即便起点不高，也能追求卓越。他尤为重视校园文化、环境育人的作用，以及思想引领的力量，提倡"尊位不越位，班子和谐"，并鼓励在传承中创新，关注每个个体的成长，让师生都满怀信心与激情，共同奋斗，共创辉煌。

此外，陈孝云还深受重庆电子工程职业学院孙卫平、广州番禺职业技术学院何友义、四川工程职业技术学院司徒渝等多位专家授课的启发，他们的智慧火花不断激发他思考。在理论与实践的碰撞中，他深刻反思如何创新职业教育体制机制，优化类型定位，深化产教融合、校企合作，促进教育与产业的深度融合，实现教育与产业的双赢。

2014年9月，在夏季达沃斯论坛上，李克强总理明确提出要在全国范围内掀起大众创业、草根创业的热潮，倡导万众创新、人人创新的新风尚。陈孝云对此高度关注，敏锐地意识到一个创新创业的黄金时代已经到来。在此背景下，他开始深入思考，作为高职院校的领导者，如何在这个时代中有所作为，如何为怀揣梦想的星青年们提供创业支持，助力他们实现自我价值和社会价值。

2. 大胆实践与探索

陈孝云聚焦于创新创业领域，依托自身丰富的创业实践经验及在深圳创业训练营的深刻领悟，结合担任中国创业致富促进会创业项目选拔赛评委的宝贵经验和资源，引领学院领导班子稳步推进了一系列务实高效的工作举措。

在学院内部，陈孝云主导成立了创新创业指导中心，全面规划并协调学院的创新创业指导与服务工作，同时部署实施了"双创十大工程"。随后，双创教学中心应运而生，中心专注于双创课程的研发、实施及师资队伍建设，通过课程改革和教学评价体系优化，不断提升教学质量。此外，陈孝云还倡导成立了双创俱乐部，为学生搭建起双创社团的交流平台，并举办了商道训练营，邀请企业家面对面传授创业真经，剖析项目案例，对接创业资源。每年一度的"互联网+"双创大赛更是激发了师生的创新思维与创业热情。为增强师资力量，还组建了双创导师团队，吸纳校外成功企业家与校内优秀教师共同参与双创教学，并鼓励教师参加外部培训，不断提升专业能力。

同时，陈孝云积极对外拓展合作，联合省内20余所高校共同发起成立了安徽省高等职业院校（商科）创新创业联盟，促进资源共享与交流合作。学院与国家双创委、中国中小微企业联盟等机构紧密合作，不仅举办了全省性的高职院校双创师资培训班，还联合合肥电视台开设了《青年创业沙龙》专栏，拓宽了师生的视野与资源渠道。尤为值得一提的是，陈孝云精心选拔了10名创业潜力学生，送往深圳参加高端创业培训营，并每人资助10万元创业扶持资金，这些学生在他的悉心指导下，现已在各自的创业领域取得显著成就，开启了精彩的人生篇章。

绿海学院牵头成立安徽省高等职业院校（商科）创新创业联盟

经过几年的不懈努力，绿海学院的双创生态日益繁荣，工作机制更加健全，教育培训体系日臻完善，工作队伍的能力显著提升，双创育人成果丰硕。众多师生在各类双创竞赛中屡获佳绩，部分毕业生更是成功创业，有的成为上市公司的核心成员，有的则在大型企业担任管理要职，展现了学院双创教育的强大生命力和广阔前景。

（四）工匠文化——精益求精，追求卓越

2017 年 6 月，中国职业技术教育学会在山东枣庄成功举办工匠精神卓越文化论坛。会上，包括枣庄学院在内的四所院校分享了各自在弘扬工匠文化、培育工匠精神方面的宝贵经验，教育部原副部长、学会会长鲁昕发表了深刻的主题演讲。活动期间，与会者还参观了鲁班博物馆、墨子纪念馆及枣庄学院的大学生科学工作能力培训中心。鲁昕会长特别会见了陈孝云，深入探讨了绿海学院星青年人才培养模式的现状及未来规划，并给予高度评价与细致指导。

在参观学习中，陈孝云深刻体会到，中华文明的辉煌成就背后，离不开无数工匠的默默奉献与精湛技艺。面对现代制造业大国的需求，职业教育肩负着

培养技术技能型人才的重任，这些学生不仅需要掌握扎实的专业技能和职业素养，更需要具备工匠精神——那是一种敬业、专注、求精、挑战自我的精神风貌，是成就卓越职业生涯的基石。因此，陈孝云认为，现代大国工匠应具备深厚的家国情怀、参与国家重大项目的能力及无私的奉献精神。

中国职业技术教育学会会长、教育部原副部长鲁昕指导办学，勉励
绿海学院为党育人、为国育才

基于上述认识，陈孝云将弘扬工匠文化、培育工匠精神确立为绿海学院文化建设的重要方向。学院通过定期举办职业教育宣传周、技能文化节、工匠文化研讨会等活动，邀请大国工匠进校园分享经验，组织师生深入企业实践，举办职业技能大赛，表彰优秀选手，并设立圆通科学工作院安徽研究中心，强化学生科学精神与职业技能培养，全方位提升学生的就业竞争力。

职业教育以其职业性、开放性和实践性为特点，强调面向市场、服务社会。陈孝云对此早有洞察，并在早年武术学校时期便接触并参与了专业培训。聚成公司，作为管理咨询培训行业的佼佼者，为其提供了丰富的学习资源。通过参与聚成的培训项目，陈孝云不仅掌握了先进的培训理念和方法，还结识了众多业界精英，这些经历对他个人成长和事业发展产生了深远影响。

陈孝云灵活地将聚成模式应用于学院内部培训，创立了星青年雄鹰实践班、商道训练营等项目，结合职业教育实际进行改良，取得了显著成效。华商国学商学院的荣誉会员身份，更是对他教育创新实践的肯定。

2021 年，在广东邮电职业技术学院的考察经历，进一步坚定了陈孝云强化学院培训功能的决心。他随后成立了星青年文化研究院，拓展培训业务范围，提升学院社会服务水平。

作为一位不知疲倦的社会活动家，陈孝云始终保持着对世界的探索和对梦想的追求。他广泛参与各类社会活动，足迹遍布全国，不断学习、交流、反思，以期拓宽视野，提升格局。他坚信，只有持续行走、不懈学习、广泛交流，方能登临更高处，洞察更远方，最终实现个人成长与事业发展的双重飞跃。

二、职教理念的凝练与内化

（一）学术引领，汲取真知

1. 向知名教授求学

学院正式挂牌之前，陈孝云想到要请一位名家为学院题名。后经北京大学校友会的一位好朋友推荐，有幸接触到著名经济学家、时任北京大学管理学院院长厉以宁教授。初见厉老，陈孝云还诚惶诚恐，但三言两语之间，他就感受到这位经济学泰斗平易近人、和蔼可亲。

在听取了陈孝云的汇报后，厉老问道："你们要办一所什么样的大学？""办一所国际化的商务学院。"陈孝云不假思索地回答。"那你们的校名为什么叫绿海呢？""从世界地图上不难看出，世界是由绿洲和海洋组成的，天下万物纳入其中、融入其内，绿海之名预示着国际化。"听了陈孝云的解释后，厉老稍作思考，欣然写下了"安徽绿海商务职业学院"，接着又挥笔题写了"发展民办高等教育，培养商界创新人才"。之后，厉老郑重地说道："孝云，你是一个有理想有追求的人，年轻人就应该这样——胸怀大志，有所作为。我建议你以

后多来北京，到著名的大学去开开眼界，将来好干成一番事业。"此后，两人成了忘年交。

在此后的几年中，陈孝云利用到北京学习的机会，多次到厉老家中拜访，利用深度交流的机会，得到厉老更多的教诲与指导。陈孝云从中受益匪浅，也十分感动。其间，厉老还特别为学院再次题词："遥看海天一色处，正是轻舟破浪时"，以此勉励绿海星青年奋发有为。2019 年，厉老利用来安徽参会之机，亲临绿海学院看望师生，并为全院师生作了"工匠精神的形成"专题报告。原本计划四十分钟的报告，厉老足足讲了一个小时二十分钟。这足以体现厉老对民办教育的关心、对绿海学院的关怀，也表达了与陈孝云之间深厚的师生情谊和对他办好教育的殷切期望。

2017 年 9 月 20 日，著名经济学家厉以宁教授亲临绿海学院亲切看望慰问师生并作主题报告

2013 年，经过五年的持续发展，绿海学院在办学规模、办学条件、管理水平等方面形成了坚实的基础，学院的各项工作步入正轨，呈现了稳步向上的良好态势。此时，陈孝云谨记厉老的指导建议，开始再一次腾出时间，去北京进一步学习深造。从 2013 年到 2019 年，他先后参加了清华大学 EMBA 总裁班、北京大学新闻系和北京大学博雅商学院国学班的学习。六年间，他

在忙碌于办学治校的同时，往返于合肥与北京之间。他的行程时间基本上都是安排在晚上九点到次日清晨七点。他想，这样既可挤出夜里的时间赶路，又不耽误白天的学习和工作。在清华和北大学习期间，他先后拜师清华大学张国刚教授、北京大学楼宇烈教授、南开大学齐善鸿教授和中国人民解放军军事科学院江英大校。

张国刚教授是清华大学历史系主任，在中西方文化的比较领域研究精深。"中学重道，西学重技"，仅此一句，对陈孝云的影响就很大。他学以致用，在后来的学院管理中借鉴了这一思想，既重规则制度，更重文化启迪。

楼宇烈教授是北大哲学系教授，当代著名的文化学者、国学大师。楼宇烈教授十分重视传统文化的批判继承问题。陈孝云从他发表的一些论文，如《儒家"节欲"观的现代意义》《儒家修养论今说》《佛教与现代人的精神修养》等，领悟到古为今用是实现传统文化创造性传承与创新性发展的重要路径，也从中对传统文化的现代意义和应用价值有了更深层次的理解。

齐善鸿教授是教育部直属中国哲学社会科学管理创新研究中心主任、南开大学企业文化研究中心主任、老子道学文化研究会副会长，是几位老师中陈孝云追随得最紧密的一位。陈孝云通过对齐教授管理哲学、道本文化、组织信仰的学习，对如何从传统文化特别是道家文化中汲取管理智慧、为人处世之道、文化育人之道等方面受到深刻启发。与善人居，如入芝兰之室，久而自芳也。齐教授博学儒雅、谦逊随和、与人为善的气质品格，也深深地感染、影响了陈孝云。陈孝云视齐教授为偶像级的导师，也时时以齐教授为楷模，自律修为，砥砺君子人格。

此后，齐教授不仅多次亲临绿海学院指导，还特别邀请陈孝云和他的团队前去南开大学学习考察。其中，星青年人才培养模式南开大学研讨会就是在齐教授的关心支持下成功召开的。

江英大校系中国人民解放军军事科学院研究员、中央政治局集体学习党史授课人、《百家讲坛》主讲人、毛新宇同志的博士生导师，致力于研究毛泽东军

事思想和战略学。在师从江英大校后，出于对毛泽东主席的敬爱和对毛泽东思想的尊崇，陈孝云得知他在哪里讲学，就尽力克服困难前往哪里学习。由此，陈孝云系统地学习了江英的《领导学》《管理学》《毛泽东与国学》《毛泽东的统帅之道》等课程。陈孝云还特别用心于《毛泽东思想及企业管理中的应用》课程的学习，了解毛泽东思想精髓中蕴含的科学管理之道：定战略、搭班子、带队伍、重学习、建组织、强纪律等。陈孝云把这些管理之道全面贯穿于办学治校的全过程，不仅优化了学院的管理，在践行这些管理思想的实践中，也历练了陈孝云作为领导者、领航人的气质风范。

2. 向知名企业家求教

在北京大学博雅商学院国学班学习时，陈孝云还结识了一批知名的企业家，其中就包括蒙牛集团的总裁牛根生。在蒙牛集团的考察，现代化的生产线并没有让陈孝云感到多大的惊讶，反倒是企业文化让他感到十分新

陈孝云在北京大学学习深造

奇。在《蒙牛文化》的画册里，他了解了公司的愿景、使命和价值观。陈孝云特别注意到，公司的人才观中有这样的描述："有德有才大胆使用，有德无才培养使用，有才无德慎重使用，无才无德坚决不用。"后来他得知，这种观念来源于王安石的人才思想，"教之之道"即人才的教育培养问题，"养之之道"即人才的管理问题，"取之之道"即人才的选拔问题，"任之之道"即人才的使用问题，原来这些头头是道的人才思想先贤早有论述。蒙牛这样的知名企业，它的成功取决于先进的乳业科技和管理水平，更得益于它底蕴深厚的企业文化。企业文化的源泉就在传统文化中，在古代先贤的智慧里。蒙牛之行给了他深刻的启示：一份事业要保持基业长青、长盛不衰，离不开文化的引领支撑，离不开传统文化的滋润。

读万卷书，不如行万里路；行万里路，不如阅人无数；阅人无数不如名师指路。除厉以宁教授之外，陈孝云还得到了逄先知、吴光、孙学策几位大家名家的呵护指点，他们是他学习成长的道路上"四大名师"。

逄先知是曾在毛泽东主席身边工作17年的秘书，中央党史研究室原主任。2014年应邀出席安徽当代社会主义核心价值体系研究中心（以下简称"研究中心"）成立大会时莅临绿海学院，并为与会人员及绿海师生作了一场"毛泽东年谱"的主题报告。在会前的交流中，陈孝云向他详细汇报了成立研究中心的缘由、目的和将来的打算，逄老听完之后十分满意。逄老对一同来出席会议的省人大、省政协、省委宣传部的几位领导说，"孝云同志是有理想有追求的，作为一所民办高校的负责人主动牵头创建研究中心，体现了较高的政治站位和强烈的责任担当，大家应该重视支持。"此后，在安徽省委宣传部和安徽省社会科学院的指导支持下，研究中心先后聚集了全省哲学社会科学界30多位知名专家。研究中心围绕社会主义核心价值观的培育与践行工作，广泛开展了理论研究、宣传推广、专著编纂与出版等一系列工作，也取得了较好的成果与影响，为推动安徽省社会主义核心价值观的培育与践行，促进其落实、落小、落细作出了重要贡献。同时，学院依托研究中心这个平台的资源，也进一步强化了思想政治工作。

著名党史专家、中共中央文献研究室原主任逄先知出席绿海学院牵头成立的
安徽当代社会主义核心价值体系研究中心并作"毛泽东年谱"报告

　　吴光教授是浙江省社科院哲学研究所所长、浙江省文史研究馆馆员、国际儒联联合会顾问，是全国著名的史学家、哲学家、国学大师。陈孝云在与浙江工商大学王晓华教授合著《中华经典读本》一书时，有幸与吴光教授结识。在此后不断的交往交流中，建立了深厚的师生情谊。受陈孝云的邀请，吴光教授先后两次莅临绿海学院指导。吴光教授对陈孝云大力传承弘扬中华优秀传统文化，立德树人、以文化人的做法十分赞赏。吴光教授就中华优秀传统文化在新时代如何创造性传承、创新性发展，如何萃取中华优秀传统文化精华有机融入到大学教育中，在校园文化建设中如何凸显中华优秀传统文化特色等问题提出了十分重要的指导意见。这些意见对陈孝云进一步学习研究传统文化以及绿海学院校园文化建设均起到了引领、促进作用。

　　孙学策教授，作为享誉全国的德育权威及班主任工作专家，曾任教育部首任德育处处长，于2021年亲临绿海学院进行考察指导。他强调，"孝"不仅是中华民族的传统美德，更是道德的基石，构成了"十德"体系中不可或缺的一环。绿海学院以孝为核心，构筑德育之基，深刻挖掘孝德文化在当代的价值与意义，赋予了孝德文化传承的生命力，展现了与时俱进、勇于创新的精神风貌。

当代著名儒学家吴光教授多次亲临绿海学院，就"三全育人"、文化兴校予以指导

　　绿海学院以"十德"命名校园道路，并全面深刻阐释了其核心要义，立体展示"十德"文化，对师生进行潜移默化的教育熏陶，有效促进了"十德"文化在师生心中的内化与外化。特别是星青年文化广场，作为文化育人的新地标，通过展现杰出历史人物与重大历史事件树立了一座座文化丰碑与思想旗帜，让师生深切感受到中华文化的博大精深、源远流长。

　　在"十德"文化研讨会上，孙学策指出，我们要深入领会习近平总书记关于传承中华优秀传统文化的重要论述，从坚定文化自信的高度去认识弘扬中华优秀传统文化的重大意义，把中华优秀传统文化的种子埋入青年一代的心田。"忠、孝、廉、耻、勇、仁、义、礼、智、信"是中华优秀传统文化的精髓，是涵育良好思想道德品质的重要源泉，当前最关键的工作是要解决"传承什么和怎样传承"的问题。要更加注重价值引领和思想涵育，紧紧抓住文化传承与创新的核心，再进行深入的思考和探究，在战略上精准定位，在顶层设计上精心谋划，从整体上构建工作体系，通过搭建平台、创设载体、强化实践、打造队伍、创建品牌等一系列实际举措，从而实现最终的目标。

教育部首任德育处处长孙学策到绿海学院考察指导

（二）政策导航，与时俱进

自改革开放以来，我国民办教育经历了四个显著的发展阶段。首先是恢复发展阶段（1978—1991 年），这一时期的起点标志性事件是 1982 年《中华人民共和国宪法》的通过，它推动了民办非学历教育的重新起步与恢复。

其次是快速增长阶段（1992—1996 年）。在这一时期，邓小平同志的南方讲话和党的十四大召开后，教育领域的改革步伐加快。1993 年，《中国教育改革和发展纲要》（简称《纲要》）的发布尤为关键，它不仅标志着民办学历教育正式登上历史舞台，还促进了其迅猛发展。《纲要》明确提出要打破政府单一办学的格局，倡导形成政府主导、社会参与的多元化办学体制，同时确立了"积极鼓励、大力支持、正确引导、加强管理"的指导方针，促使众多民办学历教育机构如雨后春笋般涌现。

再次是规范发展阶段（1997—2009 年）。随着民办教育的蓬勃发展，规范其发展的议题日益凸显。2002 年，《中华人民共和国民办教育促进法》经全国人大常委会审议通过，为民办教育提供了法律保障。次年，国务院又发布了《中华人民共和国民办教育促进法实施条例》，进一步细化了相关政策措施，民办教育的政策法规体系逐渐完善。

最后是政策创新期阶段（2010 年至今）。这一时期，国家层面高度重视民办教育的长远发展，通过加强顶层设计和实施分类管理，着力解决制约民办教育发展的关键问题。从中央到地方，不断完善相关政策制度，以创新体制机制为动力，大力扶持、引导和规范民办教育，确保其健康、可持续地发展。

（三）自我反思，不断调整

2021 年，孙教授的深入考察为绿海学院的文化育人实践注入了新活力，特别是在"十德"育人试点工作的推进上，他不仅提供了宝贵的思路与方法，还以满腔热情给予了极大的鼓励。孙教授对学院"自强不息、知行合一、合作共享、内圣外王"这一办学理念给予了高度评价，指出这正是中华优秀传统文化在现代教育中的生动体现，展现了熔古铸今、与时俱进的教育智慧。这一认可，极大地激发了陈孝云在坚守传统与勇于创新中培养人才的文化自信与动力。

作为绿海学院发展的掌舵人，陈孝云的所有努力都紧密围绕职业教育的发展大局，尤其是聚焦于新时代青年人才的培养。他深刻思考习近平总书记关于教育的核心问题——为谁培养人、培养什么人、怎样培养人，并将这些思考融入日常的学习、研究与实践之中，逐步构建起一套独具特色的办学治校理念和立德树人的模式。

陈孝云精练地提出了学院的核心理念："自强不息"作为持续进步的不竭动力，"知行合一"作为实践与理论紧密结合的准则，"合作共享"作为促进学院与社会共同发展的路径，"内圣外王"则是对师生内在修养与外在成就的至高追求。

陈孝云就学习党的二十大精神作"赓续红色血脉，争做时代星青年"专题报告

在办学原则上，他明确提出了"办学以市场为中心、教育以学生为中心、工作以绩效为中心"的指导思想，强调要紧跟市场步伐，以学生为中心开展教育教学，同时注重绩效导向，确保管理工作的公正有效。

结合自身的创业经历、长期的研究积累以及对新时代职业教育发展的深刻洞察，陈孝云守正创新，创立了星青年人才培养模式。他重新定位了学院的人

才培养目标，旨在培养"理想信念坚定、道德情操高尚、专业技能过硬、综合素质全面"的新时代星青年，这既体现了职业教育的时代性、系统性与创新性，也激励着每一位学子将个人梦想融入国家复兴的伟大征程中，以爱国之心，成才报国，创业兴国。

作为星青年的总培训师，陈孝云乐于分享自己的学习心得与成长感悟，他常说"己欲立而立人，己欲达而达人"，以此激励绿海星青年们不断进取，追求成才、成长与成功。

在指导星青年的过程中，他常引用"思路决定出路，心量决定能量，态度决定一切"强调正确的思维方式、宽广的心胸和积极的态度对于个人发展的重要性。他告诫学生们，无论出身如何，都不应被现状所限，更不应迷茫或自暴自弃。他引用曾国藩的观点，认为早起、诵读经典与热爱劳动是判断青年未来潜力的关键标志。

陈孝云还善于利用学院哲学文化中的经典篇章，如《作为人何谓正确》《拥有美好的心灵》《追求高目标》等，以及古今中外励志人物、英雄模范的故事，特别是国家领导人对青年的寄语，来激发学生的向上之志，鼓励他们见贤思齐，立志成才。

回顾陈孝云的学习成长之路，虽历经艰辛，但他始终勇往直前，勤奋不辍。这一过程，如同"聚沙成塔，集腋成裘"，每一步都坚实而有力；又如"入之愈深，其进愈难，其所见愈奇"，不断挑战自我，发现新的风景。他的付出与坚持，正是"为伊消得人憔悴，衣带渐宽终不悔"的真实写照，也是"欲穷千里目，更上一层楼"的生动体现。

"问渠那得清如许，为有源头活水来。"陈孝云深知，梦想源于学习，事业始于实践。正是这份高度的自觉性、坚定的意志力和不懈的学习精神，点亮了他的理想之光，深厚了他的教育情怀，成就了他的事业辉煌，也升华了他的精神境界。

我们坚信，秉持着创新职教的坚定信念与兴教报国的深厚情感，陈孝云在追求君子"三达德"（智、仁、勇）的道路上，定能持续精进，不断超越，开创人生与事业的新篇章，成就更加辉煌的明天。

（四）星青年计划，点亮希望之光

在长期的教育实践与经验积累中，绿海学院独辟蹊径，创新性地构建了星青年人才培养模式，其背后的总设计师正是学院的创办者与领航人——陈孝云。

自绿海学院创立之初，便紧密围绕为党育人、为国育才的使命，结合高职院校的独特定位，确立了独具绿海特色的办学路径。学院坚持党的教育方针不动摇，将立德树人视为根本任务，以服务社会为宗旨，紧密对接市场需求与就业导向，开展多元化、多层次的职业教育与技术培训。在这一过程中，学院致力于让无业者找到职业，有业者精进技能，专业者勇于创业，为国家的社会主义现代化建设贡献人才与技能力量。同时，学院秉承"自强不息、知行合一、合作共享、内圣外王"的教育理念，以"海纳百川、经世致用"为校训，积极实施包括筑梦塑魂、人才培养模式创新、特色品牌发展、市场抢占制高点及"双师型"团队建设在内的"五大发展战略"，全面提升管理、教学与服务水平。

2007—2008 年，胡锦涛总书记的两次重要讲话——2007 年五四讲话和 2008 年北京大学建校 110 周年讲话，为新时代青年成长指明了方向，强调了青年作为国家未来与民族希望的重要角色，并提出了成为"四个新一代"与"四有青年"的殷切期望。这些重要论述，不仅为青年成长树立了标杆，也对教育工作提出了新的挑战与要求。

面对这一时代课题，陈孝云迅速响应，带领全校师生深入学习研讨，将讲话精神内化于心、外化于行。陈孝云多次强调，明确"培养什么人、怎样培养人"是教育的根本问题，绿海学院必须积极行动，勇于担当。在此基础上，陈孝云凭借深厚的政治素养、强烈的社会责任感以及作为新时代职教人的创新精神，创造性地提出了星青年人才培养理念与模式，为学院乃至整个职业教育领域注入了新的活力与方向。

（五）立德树人，价值引领内核

习近平总书记多次重申，"立德树人"是学校教育的基石，强调教育应以人为本，德育为先。国家无德难以昌盛，个人无德难以立足，教育的核心正是塑造品德。高校不仅要承担起传授知识与培养能力的职责，更需将社会主义核心价值观深植学生心中，引导他们树立正确的三观。立德树人，是高校一切工作的核心与重点，旨在培育出既心怀人民、勇于奉献，又具备实干能力的新时代青年，这既符合社会主义发展方向，也是高等教育的根本要求。

陈孝云在教育领域耕耘三十余载，特别是近二十年来致力于高等职业教育的发展，其教育理念深邃，办学特色鲜明。他尤为重视政治引领在教育工作中的作用，坚持立德树人，成效显著。

在师资队伍建设上，陈孝云倾注了大量心血。从教师选拔、新入职培训到职业发展规划、业务能力提升乃至职称评定，每一个环节他都亲自参与，严格把关，确保教师队伍的整体素质。他鼓励并引导教职员工不断提升个人道德修养，强化政治、法律及思想道德素养，营造积极向上的教育环境。

绿海星青年学党史悟思想，永远跟着党走

陈孝云坚定不移地以习近平新时代中国特色社会主义思想为指导，率先垂范，深入学习贯彻党的二十大精神，通过持续学习党史、新中国史、改革开放史、社会主义发展史及中华民族发展史，凝聚团队力量，坚定教育初心。陈孝云常态化地组织学习习近平总书记关于教育的重要论述，将政治引领贯穿于教育工作的始终，牢记为党育人、为国育才的神圣使命，通过不断深化和加强师德师风建设，努力打造一支具备理想信念、道德情操、扎实学识和仁爱之心的教师队伍，为学校的持续高质量发展注入了强大动力。

1. 指导课程建设，打造思政金课

高校作为国家意识形态工作的重要前沿，其意识形态建设至关重要。这不仅是巩固马克思主义指导地位、保障我国意识形态安全的迫切需求，也是坚持社会主义办学方向、为中国特色社会主义事业输送合格接班人的根本基石。

思政理论课，作为高校立德树人的核心阵地，一直受到陈孝云的高度重视。他深知教师队伍素质对课程质量的重要性，因此在选拔新教师、引进专家学者及聘用校外专家时，均设立了严格的标准，确保教师队伍的高质量。同时，他还积极推动教师参加由教育部及教育厅举办的各类思政培训，不断提升教师的教学水平和理论素养。

陈孝云特别关注思政理论课主渠道的建设，致力于提升课程的吸引力、感染力和实效性，让学生能更深入地理解和接受马克思主义理论。他虽事务繁忙，但仍坚持每学期抽出时间亲自参与思政课堂教学，深入课堂一线，倾听并指导青年思政教师的师德师风建设和教学能力提升，凭借其丰富的领导经验和人生阅历，为思政教师提供了全面而深入的指导。

在陈孝云的悉心指导和关怀下，思政理论课教研室积极组织教师指导学生参与安徽省大学生讲思政课竞赛活动。面对全省近百所本专科院校的激烈竞争，学生们表现出色，最终荣获了片区赛二等奖的优异成绩，这不仅是对学生个人能力的肯定，也是对高校思政教育工作成效的认可。

2. 突出价值引领，开启学子心灵

教育的真谛，在于那份深沉的"爱"，是心灵与心灵之间温暖的交流。陈

孝云即便工作再忙，也不忘走进学生的世界——班级、宿舍、图书馆、课堂、实训室乃至食堂，他的身影无处不在，耐心倾听学生的心声，细致解决他们的学习与生活难题，用饱含情感的对话启迪智慧，滋养情感与理智，激发学生对生活的热爱与对知识的渴望。每学期，他都会与学生面对面交流，进行教学活动、理论宣讲，传播积极向上的星青年文化，以自己的成长历程和创业艰辛，触动学生的心灵，帮助他们摆脱自卑与迷茫，重拾信心，勇敢开启人生新篇章。这份付出，赢得了学生和家长由衷的感激，也收获了教职员工的高度赞誉，生动诠释了绿海"成就一学生，幸福一家人"的深刻教育理念。

陈孝云明白理论与实践并重的道理，在推动道德教育的同时，也积极促进师生全面发展。作为安徽省民办高校中唯一的党员校长，他尤为重视党建、思政教育以及社会主义核心价值观的培育与践行。他不仅亲自上阵，开设中华优秀传统文化讲座，还积极参与每周的升旗仪式，用行动诠释对国家的热爱与尊重。更令人瞩目的是，他投资数百万建设绿海党建馆、党建广场、智慧思政教室及英模人物群像广场等，在全省高校中亦属罕见，这些集思想教育、文化传承、党建科普于一体的红色教育基地，为师生们提供了一个沉浸式学习红色文化、传承红色基因的宝贵平台。

党建领航 立德树人 学校召开党建馆建设暨红色文化实践研讨会

在这样的教育环境中，绿海学子的精神面貌焕然一新，他们自信满满，勇于创新，在多个领域取得了显著成就，捷报连连，充分展现了新时代青年的风采与担当。

3. 关注舆情动态，清朗网络空间

网络空间并非法外之地，其健康有序离不开我们每个人的共同努力。面对纷繁复杂的网络环境，我们需要时刻保持清醒，以敏锐的洞察力判断并妥善处理各类信息，携手共创一个风清气正的网络生态。

陈孝云始终密切关注着师生们的思想动态及舆情变化，他强调要切实加强新闻宣传与舆论引导工作，确保信息传播的准确性和正面性。在具体实施方面，加强对校内广播、微信、微博、抖音、QQ 群、手机客户端等新媒体平台的管理，通过建立健全的监管机制，引导校园网络文化朝着积极健康的方向发展。

陈孝云还倡导常态化关注学校舆情动态，紧盯网络意识形态安全，指导相关部门积极构建强大的网络正面思想舆论阵地，做到对网络舆情的实时防控与严格监管。同时，他十分注重倾听大学生和教职员工的声音，将思想疏导与心灵关怀作为重要工作来抓，确保每位师生都能在网络时代感受到温暖与关怀。

三、职教理念的校园实践

陈孝云明确指出，学校文化是学校发展的核心动力，对于塑造内涵、确保长远发展至关重要。提升教育质量，离不开营造一个优雅、富有启发性的校园文化氛围，以增强教育的软实力。学院的校训"海纳百川、经世致用"正是这一理念的生动体现。

"海纳百川"意味着学院应具备广阔的胸襟，既要拥抱世界多元文化的精髓，也要深刻汲取中华五千年文明的智慧，同时积极借鉴高职教育领域的先进理念和实践经验，吸引并培养优秀人才，以无私的爱心和广阔的视野培育未来之星。

"经世致用"则倡导我们学习儒家积极入世的精神，将个人成长与国家兴亡紧密相连，勇于担当，乐于学习，善于实践，实现知识与行动的完美结合，真正做到学以致用。

学院始终将立德树人、强化基础作为根本任务，遵循星青年培养模式及"一体两翼"和"一二三四"的办学框架，通过"六个结合"策略——即与理想信念教育、中华优秀传统文化、中国革命史教育、思想政治理论课、师德师风建设以及学生个人成长紧密结合，系统推进社会主义核心价值观的培育与实践。同时，学院积极构建社会主义核心价值观教育基地，形成了一套全方位、多层次的培育、践行和弘扬机制。

尤为重要的是，学院在教育教学全过程中深度融合中华优秀传统文化，既注重精神文化的熏陶，也强化物质文化的建设，全面提升师生的道德品质和人文素养，不断创新育人模式，致力于培养出既有过硬本领又有高尚品德的新时代星青年。

（一）精神文化：搭建平台，淬炼灵魂

多年来，学院紧密结合实际情况，采取内外协作的方式，积极行动，逐步构建起了四大核心平台："一院"——星青年文化研究院，专注于青年文化的深入研究与推广；"一中心"——安徽当代社会主义核心价值体系研究中心，致力于社会主义核心价值体系的探索与实践；"一学堂"——君子学堂，弘扬传统美德，倡导君子之风；"一例会"——常态化的例会机制，作为沟通交流、协同推进学院精神文化建设的重要载体。这些平台的建立与运行，有力推动了学院精神文化的一体化建设与发展。

1. 开展思想交流、理论学习活动，给教师以精神洗礼

每周四下午，学院都会举办面向全体教职工的学习会。这些学习会内容丰富多样，涵盖了学院文化解读、管理制度学习以及传统文化经典的诵读等，旨在提升教职工的综合素质。这一活动因其独特性和实用性，赢得了广泛好评和

支持，并已逐渐形成了制度化和常态化的良好局面。

为了更深入地挖掘和探讨星青年文化的内涵及其在现代教育中的价值，学院还定期举办星青年文化研讨会。通过这些研讨会，大家共同交流思想，碰撞火花，为学院的文化建设贡献智慧。

自 2017 年起，学院提出了"兴君子文化，倡君子之风；养君子人格，行君子之道"的崭新理念，并据此设立了君子学堂。君子学堂的搭建，不仅为师德师风建设增添了新的亮点，更成了一道亮丽的风景线，引领着教师们在文化熏陶中提升自我，强化职业认同，有效缓解了职业倦怠，激发了无限的创新活力。

2. 以文润人，开发校本国学教材，赓续和弘扬中华优秀传统文化

中华优秀传统文化，作为中华民族的根基与灵魂，是培育社会主义核心价值观的深厚土壤，也是我们在全球文化交流中屹立不倒的基石。学院积极行动，以校本教材为载体，将这份宝贵遗产融入日常教学与各类校园活动中，旨在帮助学生深入了解并珍视中华民族的优良传统与文化精髓，感受其独特魅力，从而坚定信念，矢志不渝地追求中国特色社会主义道路，共筑中华民族伟大复兴的中国梦。这一过程中，学生的民族自豪感、自信心以及对国家和民族的认同感、归属感得到了显著提升。

作为传承与弘扬中华优秀传统文化的主阵地，课堂教学的首要任务是构建学生对传统文化知识、思想与理论的系统认知，增进文化认同。为此，学院不断优化高职人才培养方案，将传统文化正式纳入课程体系，通过开设传统文化系列选修课程，如《传统文化与社会主义核心价值观》《中国传统文化漫谈》等，以及由陈孝云编纂的《儒家经典选读》校本教材，为学生提供丰富的学习资源。同时，将《大学》《孝经》《弟子规》等经典纳入选修课程，使传统文化的学习贯穿教学全过程，特别是与思政教育有机结合，不仅强化了"课程思政"的理念，还极大地提升了思政教育的吸引力和实效性。

尤为值得一提的是，学院还积极推广中华优秀传统文化经典诵读活动，这

一举措不仅在学生中蔚然成风，也延伸至教职员工之中，成为校园文化建设的一大亮点。通过选派教师赴南京诚明书院等地学习培训，并建立安徽绿海商务职业学院中华优秀传统文化教育基地等措施，学院不断深化与优秀传统文化机构的合作，依托专业指导进一步加强校园文化建设和教育教学改革，以文化的力量滋养人心，培养德才兼备的新时代人才。

3. 基于核心素养，努力开辟第二课堂，拓展开发多元文化课程

学院充分利用图书馆、六艺堂、党史馆、星青年文化广场及党建文化广场等资源，深入挖掘四史教育和传统文化的精髓，组织了一系列内容丰富、形式多样的辅助教学活动，有效发挥了这些场馆在育人方面的独特作用。活动形式包括但不限于论坛、专题讲座、演讲比赛及读书日等，其中，尤为显著的是每月定期举办的中华优秀传统文化研讨会与论坛，确保师生能够持续受益。

多年来，学院坚持举办礼敬中华优秀传统文化系列活动，通过传统文化大讲堂这一平台，邀请国学领域的知名专家进行精彩纷呈的讲座。例如，首届江淮国学大讲堂的首日报告便由北京大学国际关系学院的李茂春教授和南开大学企业文化研究中心的齐善鸿教授联袂呈现，他们深厚的学术造诣和独到的见解赢得了师生的广泛赞誉。

此外，学院还积极依托共青团、学生会及学生社团等组织，围绕主题教育、理论研讨、社会实践、志愿服务及文体活动等多个方面开展活动，以特色化的方式增强教育实效。以"孝文化"诵读与践行活动为例，学生们在参与中不仅养成了孝顺父母、尊敬师长的良好习惯，还学会了感恩、换位思考及包容理解，这些品质为他们未来的成长奠定了坚实的基础。

（二）物质文化：博观多元，优化环境

陈孝云强调，实现文化办学的核心理念，首要任务在于精心打造校园环境。一所优秀的学校，其价值不仅体现在知识的传授上，更体现在能够启迪智慧、净化心灵、升华精神境界上。在这个过程中，校园景观文化建设如同一股隐形

的教育力量，其重要性不容忽视。想象一下，学生们漫步于校园之中，每经过一座历史名人的雕像，都能感受到大师们精神的洗礼，这些先贤以无声的方式，从心灵深处给予学生以启迪和激励，引导他们追随先辈的脚步，勇于探索，不懈学习。这种潜移默化的影响，无形中塑造着师生的言行举止，成为校园文化的重要组成部分。

在陈孝云的带领下，学院始终将环境育人视为重要使命，致力于提升办学品质，精心打造独具特色的文化校园品牌。为此，学院不惜投入，建设了一系列富含人文底蕴的文化景观，这些景观不仅设计新颖，功能多样，更为美丽的校园增添了无限风采，营造了一个积极向上的育人环境。特别值得一提的是，绿海校园内精心布局了三大特色景观和两大场馆，它们各自承载着丰富的文化内涵，成为学院文化育人的亮丽名片。

1."孝"文化石

"孝"这个字，选用了宋代著名理学家朱熹在游历黄山时，于西递宏村留下的墨宝。此字笔力雄浑，气势磅礴，巧妙展现了中国文字的象形之美。其上部宛如一人恭敬作揖，象征晚辈对长辈的尊崇；而下部则似猴头之形，寓意子女若能敬爱长辈，未来便能远离蒙昧，走向文明与美好。

中华文化的核心价值，深深植根于"德"这一概念之中。德，涵盖了大德（国家之德）、公德（社会之德）与私德（个人之德）三个层面。"明大德、守公德、严私德"不仅是每个人的道德坐标，也是不可逾越的底线。而"孝"作为"德"的重要体现与载体，其重要性不言而喻。《孝经》有云："孝悌之至，通于神明，光于四海，无所不通。"强调了孝是个人道德修养的基石，是成就和谐人生、顺利事业的不竭源泉。

"夫孝，德之本也"，自古以来，孝就被视为中华民族传统美德的核心，是个人品德塑造的起点。大到国家兴盛，中至企业发展，小到家庭和睦，孝都发挥着不可替代的作用。学院在办学过程中，始终强调立德树人的重要性，倡导学生以"孝"为起点，培养高尚品德。面对当前部分孩子因家庭溺爱或父母

缺席而出现的行为偏差，我们更需要弘扬新时代的"孝"文化，通过教育引导学生，提升他们的品德修养，为社会输送品学兼优的高素质人才。这不仅是学生个人成长成才的需要，也是家庭和谐、社会进步的必然要求。

2. 星青年文化广场

星青年文化广场精心规划为三大区域：星青年文化长廊、雕塑文化园及空吧文化广场。星青年文化长廊全长99米，宛如一条时空隧道，东西两侧廊柱上依次绘就了中华优秀传统文化、革命文化、社会主义先进文化、工匠文化与科技文化的璀璨篇章。廊顶之上，则逐一展现了星青年人才培养的核心理念、独特模式、创新举措及丰硕成果。这一系列文化展示，不仅浓缩了历史的精华，还通过代表性人物与事件，传递着深刻的启迪与警示，凸显了文化的历史价值、精神内涵与独特魅力。

文化滋养心灵，文化涵育德行，文化引领风尚，星青年文化广场隆重揭牌

漫步于东侧雕塑文化园，仿佛穿越千年，与先贤对话。老子、孔子、范蠡、孙子、范仲淹、朱熹、王阳明、曾国藩等中华优秀传统文化的杰出代表逐一呈现。孔子，作为儒家学派的开山鼻祖，教导我们仁爱待人、自律自省，家庭和睦，职场尽责。老子则以谦卑为怀，倡导顺应自然，无为而治，为后世树立了深邃的哲学思考。范蠡的智慧在于他的"四不"原则，即做人不忘本、做事不

懈怠、为官不恋权、经商不贪财，对商务学子而言，是宝贵的合作与分享之道。范仲淹的"先忧后乐"思想，以及他家族八百年兴旺背后的家训，彰显了深厚的家国情怀，激励着后人。

王阳明，这位明代的思想巨擘，其心学思想强调"知行合一"，鼓励人们从内心出发，探索真理，修炼内心，这与学院"自强不息，知行合一"的星青年文化理念不谋而合，为学生提供了强大的精神动力。而曾国藩关于青年成长的"早起、读经、爱劳动"三要素，更是深受学子们喜爱与践行，成为他们自我鞭策、追求卓越的座右铭。

一处雕塑以"孟子讲学"为主题，寓意着绿海学院的教师们以身作则，致力于成为"四有好老师"的典范，引领学子前行。另一处是商圣范蠡的雕像，范蠡春秋时期曾任宰相，后毅然转而从商，三次积累巨额财富又三次慷慨散财，其传奇经历成了商界不朽的佳话。此雕塑的设立，寄托了对绿海学子学业有成、勇于担当、成长为杰出商务精英的美好祝愿。

在雕塑文化园的中间区域有三尊雕像，首先映入眼帘的两尊雕像是毛泽东与蔡和森，他们是中国近现代史上创新创业的光辉典范，激励着后人不断探索与进取；另一尊则是钱学森，这位伟大的爱国科学家，被誉为"中国航天之父"和"中国导弹之父"，其卓越贡献永载史册。

在雕塑文化园的西侧，展示的是革命文化的精髓，重点突出了五四运动与中共一大召开等标志性事件。1919 年的五四运动拉开了新民主主义革命的序幕，而 1921 年中共一大的召开则宣告了中国共产党的诞生。自此，"红船精神"成为指引千万党员不断前行、勇于创新的灯塔。星青年们弘扬"五四精神"，就是要将个人梦想融入国家发展大局，将爱国之情转化为强国之志、报国之行。

成功从不是等来的，而是需要我们去奋斗、去创造。今天，我们学习毛泽东思想的精髓，特别是实事求是、群众路线和独立自主这三个基本原则，这些原则同样是我们创新创业道路上不可或缺的指南针。

在空吧文化广场则分别建设了知行亭和创新亭。知行亭中的对联"明明德兴职教知行合一,日日新星青年德才兼备",不仅体现了陈孝云对职业教育事业的深切热爱与不懈追求,也寄托了他对星青年成长成才的殷切期望。对联中的"明明德"与"日日新"均源自《大学》经典,强调教育应以德行为先,同时鼓励学生日新月异,勇于创新,力求在掌握专业知识的基础上,做到学以致用,成为既有道德又有才能的青年才俊。

创新亭中的对联"坚定信念勇担使命为教育创新,排除万难凝聚众智成就学子",深刻诠释了绿海学院的办学初心与使命。它激励师生们坚定信念,勇于担当,不断探索教育创新之路,汇聚智慧与力量,助力每一位学子实现梦想。

教育的真谛,在于心灵的启迪与灵魂的触碰。在新时代背景下,绿海教育秉承"成就一学生,幸福一家庭"的崇高使命,致力于培养德才兼备、全面发展的时代新人。通过传道授业解惑,帮助学生拨云见日,找到属于自己的光明未来。

3. 党建文化广场

踏入绿海学院这片宁静而雅致的校园,自西向东沿中轴线漫步,一场深刻的革命精神探索之旅随即展开——党建文化广场悄然映入眼帘。这里,宣传栏、初心廊道、廊架宣誓墙、"三大作风"宣传牌、"习语星火亭"以及围绕信仰、建党精神、伟大成就、智慧源泉、社会主义核心价值观等多个主题精心设计的雕塑错落有致,共同讲述着党的光辉历程、崇高形象与深邃理论,凝聚着历史、传统、文化与社会价值的深厚底蕴,蕴含着丰富的教育意涵。

党建文化广场的起点是"初心廊道",其上镌刻的"不忘初心、牢记使命"字样,激励着师生们携手共筑中国梦,坚定跟随党的步伐。廊道尽头,矗立着造型独特的"初心廊架",它宛如一颗蕴含希望的圆形种子,两侧顶端化作欲飞的翅膀,象征着在这片沃土上播种梦想,放飞未来。种子两边:一边是绿意盎然的树苗,象征理想的萌芽;另一边则是"初心廊道",如同理想的根基,彰显绿海学院致力于学生全面发展的教育理念,以及"成就一学生,幸福一家庭"的崇高使命。

星青年党建文化广场一瞥

宣誓墙前鲜艳的党旗高高飘扬，引人瞩目。在此重温入党誓词，不仅是对初心的回望，更是对信仰的坚定。师生们宣誓，要铭记为人民服务的宗旨，以实际行动践行对党的承诺，立足岗位，勇当先锋，为国家的繁荣与发展贡献自己的力量。

三大作风宣传牌，简洁明了地展现了党的三大优良作风：理论与实践相结合，密切联系群众，批评与自我批评。这些作风是党不断壮大、从胜利走向胜利的宝贵财富，也是新时代我们继续前行的坚实基石。

星火亭汇聚了党的十八大至二十大期间，习近平总书记的一系列重要讲话与经典语录，语言鲜活，意蕴深远，直击心灵深处。这里成为广大党员与群众学习习近平新时代中国特色社会主义思想精髓的重要窗口，助力大家准确把握总书记的重要讲话精神与文章要义。

在雕塑区域分别陈列着"信仰""建党精神""伟大成就""社会主义核心价值观""智慧源泉""捍卫"以及"星火"雕塑。

"信仰"主题雕塑，巧妙融合了党徽、党旗、丝带与火炬等元素，营造出一种庄严而神圣的氛围。党徽代表对马克思主义的坚定信仰，党旗象征对社会主义和共产主义的执着追求，丝带寓意共产党人的政治本色，火炬则照亮共产党人历经考验、勇往直前的精神之路。新时代青年应传承红色基因，脚踏实地，

在青春赛道上奋力奔跑，不懈前行。

"建党精神"雕塑，以冲锋号和飘扬的旗帜为核心，生动诠释了"坚持真理、坚守理想，践行初心、担当使命，不怕牺牲、英勇斗争，对党忠诚、不负人民"的伟大精神。在民族复兴的伟大征程中，这份精神如同灯塔，照亮方向，激发斗志，激励我们勇毅前行，不断书写新时代的辉煌篇章。

"伟大成就"雕塑，以红船和浪花为灵感，鲜艳的红白对比，勾勒出开天辟地、敢为人先的壮阔画面。雕塑上镌刻的"开天辟地、翻天覆地、改天换地、惊天动地"，不仅是对党辉煌历程的生动总结，也是对未来无限可能的深情寄望。

"社会主义核心价值观"雕塑，以圆润的造型为核心，辅以华表、丝带与祥云的精美装饰，不仅美化了公园环境，更在无声中滋养着党员干部群众的心田，传递着积极向上的价值观念。

"智慧源泉"雕塑则以展开的书卷为形，寓意深远地讲述了信仰赋予生命力量、奋斗让青春绽放光彩、学习引领未来辉煌的故事，生动展现了绿海学院独特的党建精神风貌。

"捍卫"雕塑通过三人合力举旗的形象，深刻体现了学院从儒家文化中汲取智慧，融合中西管理精髓，致力于打造一所引导人向善的学府。这一雕塑不仅是对"中学明道，西学优术，中西合璧，以道御术"文化体系的生动诠释，更是对中华文化的坚定捍卫。

"捍卫"雕塑

"星火"雕塑则以燃烧的火苗与点点繁星为元素，巧妙传递了绿海学院星青年的共同宣言：团结时如炽热火焰，分散后则化作满天星辰，以我们的朝气与活力，让世界见证中国的魅力与风采。

党建文化广场如今已成为热门打卡地，它不仅彰显了绿海学院坚持社会主义办学方向、紧跟党的步伐的政治立场与使命担当，还体现了学院立足传统、拥抱现代、根植本土、放眼世界的办学视野。这里洋溢着绿海学子青春勃发的气息，以及学院不断追求卓越、精进日新的精神风貌。学院通过整合党建广场、党建展馆与思政课堂资源，构建起独具特色的党建教育功能区，持续激发党建工作活力，精心培育校园文化品牌。这一系列举措有效促进了党建工作与教育教学、人才培养的深度融合，全面提升了教育质量，为构建和谐校园、办好人民满意的教育贡献了力量。

4. 党建文化馆

为深入贯彻党的二十大精神，强化党建引领，深化立德树人，绿海学院在民办高校率先创建党建文化馆。

时任安徽省教育厅厅长赵振华莅临绿海调研指导

党建文化馆以形象、直观的展陈讲述红色故事，凸显党建引领在办好中国特色社会主义大学中的重要作用，让红色文化"入眼""入耳"、鲜活生动。党

建文化馆以党的自身建设历程为主题主线，由序厅、光辉历程展厅、绿海党建展厅三部分组成。党建文化馆落成后，已是党组织活动的重要基地，党员干部学党史、强党性的重要阵地，青年学生思政教育的生动课堂。

（1）序厅。序厅展现国际社会主义的发展历程，引导青年学生了解马克思主义科学理论的真理光辉，由毛主席像、领袖寄语、星青年墙和精神谱系组成。毛主席汉白玉坐像在序厅的显要位置，意在引导师生永远铭记毛主席等老一辈革命家的丰功伟绩和崇高风范。领袖寄语位于毛主席坐像两侧，右侧雕刻着著名诗篇《沁园春·长沙》，左侧是习近平总书记在党的二十大报告中提出的"两个结合""六个必须坚持"。领袖寄语部分则雕刻着不同历史时期，党的领袖对青年寄予的厚望。100多年前，新青年为救亡图存上下求索；当代青年致力于民族复兴创新创业。星青年墙鼓励当代青年要弘扬伟大长征精神，走好新时代长征路，奋进新征程，建功新时代。在精神谱系部分展示了2021年党中央批准的第一批纳入中国共产党人精神谱系的46种精神，以及党的二十大提出的五种精神。

（2）光辉历程展厅。该展厅以开天辟地、改天换地、翻天覆地、惊天动地为主线展示党的光辉历程，着重以毛泽东、安徽地方党史人物青年立志、不懈奋斗的生动事迹感召青年学生坚定信仰、创新创业。

1）开天辟地——在革命战火中百炼成钢：展示了中国共产党成立后，团结带领中国人民浴血奋战、百折不挠，创造了新民主主义革命的伟大成就。

2）改天换地——在执政大考中曲折探索：集中展示了新中国成立后，党团结带领中国人民，自力更生、发愤图强，创造了社会主义革命和建设的伟大成就，在工业、农业、国防等领域实现了许多零的突破。

3）翻天覆地——在改革开放中与时俱进：展示了党的十一届三中全会作出改革开放的历史性决策后，党团结带领中国人民解放思想、锐意进取，创造了改革开放和社会主义现代化建设的伟大成就。

4）惊天动地——在自我革命中更加坚强：集中展示了党的十八大以来，

以习近平同志为核心的党中央，团结带领中国人民自信自强、守正创新，创造了新时代中国特色社会主义的伟大成就。

（3）绿海党建展厅。这里主要展示绿海学院注重党建引领、坚持立德树人的政治站位、境界追求，引领党员干部、教职员工、青年学生知党情、感党恩、跟党走。这一展厅主要包括：艰苦创业、党建兴校、战略引领、党建实践、特色活动、学习教育、立德树人、文化育人、实践育人、校企合作育人、"三全育人"等部分。

5. 星青年科创实训馆

星青年科创实训馆占地面积约 1800 平方米，总建筑面积约 3800 平方米，总投资 1500 万元。依托海尔智慧家居产业学院、新能源汽车产业学院、华为 ICT 学院三个产业学院原有建筑合并改建扩建成星青年科创实训馆。星青年科创实训馆由序厅、科技前沿展厅以及星青年实训教室三个独立空间组成。

星青年科创实训馆一瞥

（1）序厅。星青年科创实训馆的序厅是一个沉浸式的空间，两边星云环抱的画卷象征着绿海如同孕育新星的摇篮，也是打造星青年的炼炉。以影片的形式展现了人类历史上的重要时刻，以工匠精神和科技创新精神促进科技的发展为主题。而绿海正是秉承这种精神，全力培养创新型创造型的工匠人才。

（2）科技前沿展厅。在科技前沿展厅首先看到的是星青年文化旅游产业学院的数字文旅展台，主要用于智慧文旅教学。通过触摸一体机和投影仪，可以学习到云游中国、文旅教学的内容。当今文旅产业的功能定位日趋个性化、场景化、定制化。绿海学院根据旅游管理专业教学需求，也在积极探索文旅产、学、研的高度融合。

1）在智能制造机器人展区，有乐聚品牌人形机器人和科梦奇品牌的最新款机械狗的教学机器人。乐聚品牌人形机器人是绿海学院师生自主编程的操作程序，在老师的带领下，同学们自主编程，自主研发，并积极参加各项比赛活动。科梦奇品牌的最新款机械狗的教学机器人，也是杭州亚运会的同款机械狗，这款教学机器人的程序设计由绿海学院的师生共同完成。为了提高绿海星青年学子的学习兴趣和比赛成绩，学生在学校里就可以实操训练，一步一步从校赛、省赛走到国家级赛事。

2）星青年新能源汽车产业学院，由绿海学院和合肥市经开区、蔚来汽车、新能源汽车行业"政行企校"共同合作，也是经开区人力资源蓄水池人才培养基地。实训教室展示了纯电动车、混合动力车、燃料电池电动车和氢发动机车等前沿技术。在这里学生将深入了解高压控制智控解析系统，该系统优化了车辆的动力分配与能量效率。通过新能源全车电气操控教学系统，学生可掌握电子部件的交互过程，同时，新能源汽车底盘系统的展示强调了创新设计在减重、提升能效和稳定性方面的重要性。这间实训教室是探索新能源技术和理解其对汽车行业革新的重要场所，旨在激发创新灵感，共同推动绿色未来的构建。

3）网络安全展台是绿海学院与数字奇安合作的成果，以多媒体大屏形式展示网络安全宣传教育内容，旨在展示网络安全基础知识、个人数据保护、企业网络安全解决方案、未来网络安全挑战的重要性，以及保护日常生活和工作中数据安全的最新技术和措施。

4）华为 ICT 学院是学院与华为合作的展区，由任正非亲自为包括绿海学院在内的全国百所优质学院题词。华为提供课程授权、讲师赋能、学习资源；

学校提供课程大纲、实验环境、认证教室，重点培养学生获得华为 ICT 技术和实践经验，以获得职业认证证书，从而高质量就业。

5）中智数字财经产业学院，中智集团是一家央企，也是国内 500 强企业中唯一一家人力资源公司，每年为央企输送大量的优质人才。绿海学院与中智数字财经合作，将财经机器人引入课堂。绿海学院还在教室里设置了一个 300 平方米的实践基地。通过产业学院可以为安徽和华东地区打造一批复合型的财会人才。

6）AI 大模型主展区，通过大屏和互动端，既可以了解大语言模型，以及它的应用领域和关键技术，还可以亲身体验与大语言模型的对话。在时间的长河中，我们见证了人工智能大模型从简单的模式识别到复杂的决策制定，其能力不断增强。最初，它们在图像识别、语音处理等领域取得了显著成就，而今，它们在自然语言处理、自动驾驶、医疗诊断等多个领域展现出了惊人的潜力。人工智能大模型的应用不仅仅体现在技术层面，它们正逐步渗透到我们的日常生活中，改变着我们的工作方式、娱乐活动乃至社会互动的模式。

过去不等于未来，今天的绿海学院将站在新的起点，乘着数智化、科技化的东风，仰望未来，扬帆起航。

（3）星青年实训教室。星青年科创实训馆的二楼主要是各产业学院的实训教室，主要进行教学实践、技能实训、科创研发、冥想创意、国学文化教育等活动，以进一步提升学生的技术技能和科创能力。

1）动漫工作室，主要功能为人才培养及社会服务，工作室老师负责承接企业项目，将企业项目带入课堂，转化为教学内容，让学生在最新的企业项目中边学边做，强化技术技能。

2）数字创意实训室，由图形工作站及手绘屏组成，实训内容主要涵盖动漫、游戏、广告等数字创意相关的项目内容，手绘屏完全替代传统的纸和画笔并且兼容显示功能，实现无纸绘画，直接将设计内容数字化，手绘数字创意作品，通过图形工作站建模、渲染等，结合动作捕捉实训室的动作数据导入，可

以从无到有、从静态到动态实现数字创意作品的设计与制作。

3）绿海青瞳校企共建实训室，在此学生可以通过使用动作捕捉设备，直观地了解动画、游戏动作的分解，体验穿戴动作捕捉设备，加深对课程内容的理解和掌握。同时，动作捕捉设备可以让学生既掌握动作原理又掌握动作分解知识，有利于提升学生的技术能力与行业人才需求的匹配度。

绿海星青年在标准化的实训教室认真学习

4）文香智慧书法课堂，利用数智技术，采用仿真描红，在屏幕互动教学，让学生直观性、沉浸式地感受书画艺术的魅力，接受中华文化的熏陶，具有育德、启智、健体的综合效应，培养星青年学子的文化品位和审美能力。

5）智慧教室，教师们可以在智慧教室进行教学视频录制，教学物联控制，通过智慧黑板、智慧讲桌等各类 AI 智能装备辅助教学内容呈现，便于学生获取学习资源，促进开展课堂交互，实现情境感知和环境管理；学生们可通过高科技设备进行自主学习和合作学习，开展技能研究、课题探讨、实训实践活动等，不断激发学习兴趣和创新精神。

6）应用实训教室，方便各专业的学生在学习过程中，进行应用实训研讨、小组讨论、面对面动手实验交流。

7）科创研发中心是绿海学院引进的博士高工团队专门打造的一个协同创新的空间，通过"政行企校"合作，着力推动技术创新和成果转化。

（三）人文校园：环境浸润，滋养心灵

绿海学院人文底蕴丰厚的文化景观，已悄然成为学院党建团建、思政教育、校园文化活动及师生休闲娱乐的综合性新地标，不仅为校园环境增添了一抹雅致，更如同春风细雨，悄无声息地滋养着每一位师生的心田。

在这样的校园环境中，师生们的人文素养得以逐步提升，家国情怀在潜移默化中得以涵养，使大家更加深刻地认识到自身肩负的使命与责任，增强了文化自觉与担当精神。这里，不仅是知识的殿堂，更是心灵的港湾，激励着每一位师生不断前行，共同书写学院发展的新篇章。

1. 人际关系更加和谐

学院在管理体系上构建了党委、行政与董事会并行的"三驾马车"架构，如何有效协同这三者，特别是处理好董事长、党委书记与院长之间的关系，成为影响学院整体战略规划与长远发展的关键。深受中华优秀传统文化熏陶的校领导团队，深刻理解"正人先正己"的道理，以身作则，相互间保持尊重，追求"和而不同"的和谐共处。

在具体运作中，学院各部门及处室既各司其职，确保职责清晰，又紧密协作，形成高效有序的联动机制。这种管理文化，正是对"己所不欲，勿施于人"这一古训的现代诠释。

在这样的氛围下，学院教职工及学生在处理人际关系时，共同遵循着四大原则：

首先，坚持平等待人。无论职位高低、年龄大小、贡献多少、资历深浅或职业差异，每个人在人格上都是平等的。学院倡导换位思考，尊重他人，避免亲疏贵贱之分，确保公正无私。

其次，践行诚信待人。在人际交往中，学院强调真诚与守信，言行一致，不口是心非，不虚伪做作。这份诚信构建了坚实的信任基础，促进了相互间的理解和支持，营造了良好的人际环境。

再次，倡导宽容待人。学院既要求严于律己，不断自省提升，也主张宽以待人，与人为善。面对他人的不足，学院采取包容态度，求同存异，避免尖锐冲突，展现出大度与和善。

最后，坚持乐于助人。面对同事或学生的困难，学院秉持助人为乐的精神，无论是在精神上、物质上，还是在信念、方法或体力上，都愿意伸出援手，提供帮助。这种互助精神进一步巩固了和谐的人际关系，让学院成了一个温暖的大家庭。

2. 思政教育更加有效

中国传统文化的深厚底蕴，其思想精华对于塑造正确的世界观、人生观、价值观具有不可估量的价值。高校思想政治教育的核心在于引导学生树立坚定的理想信念，勇于承担起历史与时代赋予的使命和责任，将个人发展融入实现中华民族伟大复兴的中国梦之中，勤学不辍，精进不已。

当前，大学生群体中独生子女占比较高，他们的成长环境相对顺遂，部分同学可能面临艰苦奋斗精神与坚韧意志的缺失。针对这一现状，学院在思想政治理论课的讲授中，巧妙地融入"天行健，君子以自强不息""士不可以不弘毅，任重而道远""富贵不能淫，贫贱不能移，威武不能屈"以及"为天地立心，为生民立命，为往圣继绝学，为万世开太平"等中华优秀传统文化的精髓。这些古训不仅生动讲述了先贤们立志成才的故事，展现了他们崇高的人生追求与思想境界，更在无形中熏陶着学生，激发其内在的正能量。

在阐释社会主义核心价值观时，学院也积极挖掘中华优秀传统文化中先贤们修身齐家治国平天下的实践案例，讲述他们如何严于律己、奉献社会与国家，最终成就自我。通过引入相关名言警句，并进行深入浅出的讲解与演绎，使学生们在心灵深处产生共鸣，受到深刻的教育。

正是通过这种将中华优秀传统文化与思想政治理论课有机融合的教学方式，使得课程内容更加贴近学生实际，更加生动鲜活，从而有效提升了教学的吸引力和实效性。不少学生反馈，原本以为思想政治理论课仅是枯燥的说教，现在却发现它如此生动具体，有理有据，仿佛找到了知识的源头与活水，让人受益匪浅。

3. 校园文化更加丰富

《三字经》中有云："昔孟母，择邻处"，孟母三迁的故事，深刻揭示了环境对教育的深远影响。同样，高校课堂之外的环境与氛围，也在潜移默化中塑造着学生的人文素养。校园文化，作为学校教育不可或缺的一环，对于丰富大学生的精神世界、培育其高尚品德，具有不可估量的价值。

在绿海学院这片沃土上，中华优秀传统文化的滋养无处不在。学院以"海纳百川，经世致用"为校训，秉持"成就一学生，幸福一家庭"的办学理念，致力于学生的全面发展。

漫步校园，仿佛置身于中国传统文化的长廊之中，忠义、仁爱、孝悌、合和、六艺、红色文化等主题错落有致地融入景观之中。站在孔子与孟子的雕像前，儒家文化的仁爱之心油然而生。孔子倡导的"仁者爱人"，以及"己所不欲，勿施于人"的伦理准则，与孟子追求的"内圣外王"之道，共同构成了儒家理想人格的核心。这里，"内圣"强调个人品德的修养，而"外王"则需具备相应的能力与知识，二者相辅相成，方能成就卓越。

学校周一升国旗常态化开展，以升旗、经典诵读、国旗下的讲话等多种形式
推进学校"三全育人"工作

校园文化中传承的"内圣外王"理念，有效引导了大学生克服冷漠与浮躁，重拾人文关怀与理想追求，促进道德修养与综合素质的全面提升。同时，孝悌文化的弘扬，倡导尊老爱幼、关爱他人的美德，激发了师生间的温暖与和谐。忠义文化则强调了责任与担当，鼓励师生忠于职守、见义勇为，共同为实现学院的发展目标贡献力量。

六艺堂内，教、学、做、行、思、创的深度融合，不仅塑造了学生的形体美与气质，更通过书法、茶道、礼乐等传统文化的学习，促进了学生的全面发展。而红色文化园，则是一堂生动的爱国主义教育课，让师生在了解党的历史、革命先烈的英勇事迹中，深刻体会到中华民族爱国爱家的优良传统，树立起国家利益高于一切的崇高信念。

总而言之，充满中国传统文化气息的校园环境，如同春风化雨，无声地滋养着师生的心田，激励着他们在学习与生活的道路上不断前行，追求更高的精神境界与人生价值。

4. 学生行为更加积极

高等职业院校肩负着培育德智体美劳全面发展的社会主义建设者和接班人的重任。若能在教育过程中巧妙融入中华优秀传统文化，无疑能对学生的行为产生积极而深远的影响。学院在人才培养实践中，特别注重向学生传递"和以处众，宽以接下，恕以待人"及"恭、宽、信、敏、惠"等传统美德，旨在引导学生树立正确的交友观，培养关爱他人、忠诚守信、自我修养及重情重义的良好品质。

同时，学院强调"国尚礼则国昌，家尚礼则家大，身尚礼则身泰"的理念，鼓励学生尊重他人，言行举止文明得体，做到内外兼修。通过学习"首孝悌"，使学生深刻理解孝敬父母、关爱手足的重要性，学会感恩与回馈。而"先天下之忧而忧，后天下之乐而乐"及"天下兴亡，匹夫有责"的教导，则极大地增强了学生的社会责任感和历史使命感。

此外，学院还通过"诚者，天之道也；诚之者，人之道也"的诚信教育，让学生在日常学习生活中秉持真诚，无论是待人接物还是处理事务，都能做到诚实守信。而"天行健，君子以自强不息"的精神，则激励学生保持昂扬斗志，勇于进取，不断追求卓越。

在中华优秀传统文化的持续熏陶下，学院学生们展现出了令人鼓舞的变化：更多学生相信职业教育同样能成就精彩人生，积极投身于技能提升与工匠精神的培养；诚信之德蔚然成风，学生们在考试中自愿倡导诚信，签署诚信承诺书；孝道文化深入人心，许多学生主动为家庭分担责任，关心父母健康；整个校园呈现出讲理想、求上进、重孝悌、担责任、爱学习的良好氛围，促进了学生的全面健康成长。

第三章

教育革新
——实践与探索的并进

精彩速览

"成就一学生，幸福一家庭。办好人民满意的教育，首先要明确学校教育的目的，即为国家和社会培养全面发展的合格人才，因此，办教育的人，更要有家国情怀和社会担当。"安徽绿海商务职业学院的陈孝云常常以此番朴实无华的话语，激励和鞭策着学校的教师们。

—— 题记

艰难方显赤诚，磨砺始得玉成。陈孝云在职教园地躬耕十余载，既有教育家的深邃视野与宽广胸怀，又满怀着对教育事业的无限热爱与崇高理想。他既仰望星空，怀揣高远的教育梦想，又脚踏实地，致力于每一个教育细节的落实。

陈孝云积极倡导并践行"自强不息、知行合一、合作共享、内圣外王"的办学理念，锐意进取，不断探索，敢于突破常规。他围绕党的领导、文化建设、教学质量提升等核心要素，精心布局了五大发展战略：以人才培养模式创新为突破口，推动学校发展；以质量为生命线，打造特色品牌；紧跟市场需求，抢占发展先机；建设"双师型"教师团队，提升教学能力；以社会主义核心价值观为引领，塑造学生的精神世界。

这一系列与时俱进的改革措施，如同有力的组合拳，不断激发学院的活力与潜力。在陈孝云的带领下，学院人才培养取得了丰硕成果，为区域经济发展贡献了重要力量。学生们在这里收获了知识与技能，家长们对学院的教育质量给予了高度评价，社会各界也对学院的办学成果表示了广泛认可。如今，绿海学院已在安徽省内外职业教育领域享有盛誉，成了众多学子梦想起航的地方。

一、独树一帜，创立星青年人才培养模式

创办一所大学绝非易事，而要在众多学府中独具特色，更是难上加难。绿

海学院经过长期不懈探索，积累丰富经验，根据职业教育特性，独辟蹊径创立了星青年人才培养模式，并推出星青年人才培养计划。

（一）星青年的来源与要义

"星青年"称号诞生于在北京大学举办的绿海学院星青年人才培养模式研讨会，寓意"爱国、担当、自强、闪光"，传承发展了五四"新青年"精神，在新时代闪耀着"爱国、进步、科学、民主"新光芒。

绿海学院的"星青年"理念，既有深厚历史底蕴，又具鲜明时代特色。20 世纪初，"新青年"们以热血智慧，引领民族觉醒、救亡图存、推动社会变革。传承弘扬"新青年"精神是根基，投身创新创业是当下的关键行动。步

星青年标志

入 21 世纪，星青年肩负实现"两个一百年"奋斗目标和中华民族伟大复兴中国梦的历史使命。他们是有坚定理想信念、强烈责任感与担当精神的青年才俊，紧跟时代，勇于创新创业，将爱党爱国、成才报国、创业兴国视为己任。坚定的理想信念、深厚的家国情怀、精湛的专业技能以及较强的实践能力，共同构成了星青年的独特标签。

"星青年"的提出旨在彰显绿海教育核心追求，激发学子不忘初心、奋发有为，与时代同频共振。"星青年"蕴含多重意义：其一，象征"闪亮"，如夜空星光，寓意绿海教育助力有志青年实现理想、绽放价值；其二，代表"强韧"，似燎原之火中的星星之火，表明绿海教育培养的青年能团结协作，分散也能各自发光；其三，寄托"希望"，像人们心中星愿，激励青年学子自信自强，在平凡中追寻不凡梦想。

星青年画像

（二）星青年人才培养模式概述

星青年人才培养模式融合唤醒式、挚爱式、托起式、成就式教育理念，集养成、信念、梦想、目标、积极心态教育于一体。按照立德树人、五育并举、德技兼修、特色鲜明思路进行顶层设计，明确人才培养目标，提出相应培养路径、方法与举措，具有时代性、创新性、体系性。实践证明，星青年是有理想、能吃苦、肯奋斗、敢担当的新一代，是忠诚的爱国者、坚定的执火者、勇敢的追梦人。

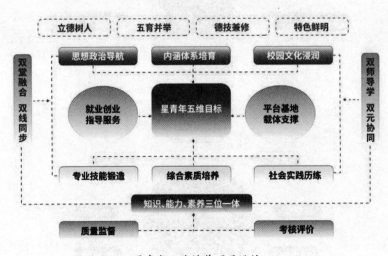

星青年人才培养顶层设计

星青年人才培养的主要内涵体系包括：一是确立"五维目标"，即理想信念坚定、道德品质高尚、专业技能过硬、综合素质全面、乐于奉献社会。二是

塑造"九型人格",即立志型、精英型、奋斗型、感恩型、学习型、明德型、创新型、谨慎型、坚忍型。三是推行"五项管理",即心态管理、目标管理、时间管理、行动管理、学习管理。四是培养"五种能力",即领导力、行动力、管理与执行力、新技术应用能力、营销力。五是实施"12345"工程,即展示一次精彩演讲、精读两部经典著作、精炼三项文体项目、参与四类社会实践、善于五项自我管理。六是构建"七星"体系,即星力——沟通能力、创新能力、学习能力、实践能力;星能——人格魅力、影响力、感染力;星美——心灵美、语言美、行为美、气质美;星健——健康体魄、健康心理、健全人格;星智——独特的思维方式、前瞻性的智慧;星德——崇高的职业精神、良好的职业操守;星才——扎实的基本技能、出色的专业知识。

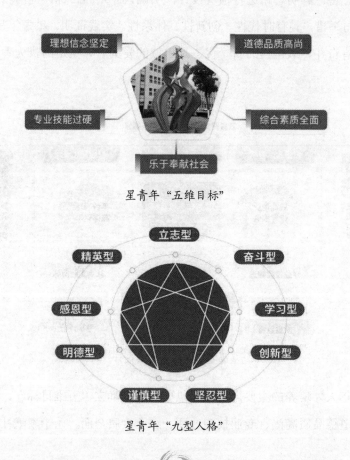

星青年"五维目标"

星青年"九型人格"

心态管理　目标管理　时间管理　行动管理　学习管理

星青年"五项管理"

一	二	三	四	五
展示一次 精彩演讲	诵读两部 经典著作	精炼三项 文体项目	参与四类 社会实践	善于五项 自我管理

星青年"12345"工程

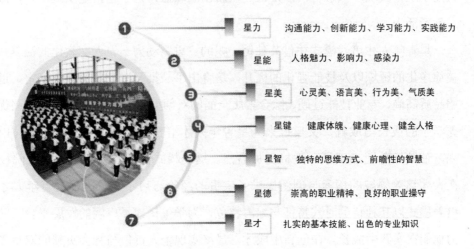

❶ 星力　沟通能力、创新能力、学习能力、实践能力

❷ 星能　人格魅力、影响力、感染力

❸ 星美　心灵美、语言美、行为美、气质美

❹ 星键　健康体魄、健康心理、健全人格

❺ 星智　独特的思维方式、前瞻性的智慧

❻ 星德　崇高的职业精神、良好的职业操守

❼ 星才　扎实的基本技能、出色的专业知识

星青年"七星"体系

在指导思想上，星青年人才培养模式坚守"立德树人"与"三全育人"的原则，以培养"值得信赖、担当重任"的时代青年为使命。学院致力于培养"一专多能、高素质、高技能、创新型、创业型"的复合型人才，打造有坚定理想信念、丰富人文情怀、高超技术能力与仁爱合作精神的"四有"青年。同时也重点培养勇于并善于创新创业的青年领袖，为国家和社会的未来发展贡献更多青春力量。

在培养方式上，星青年模式尤为注重实训与实战，打破传统单一的考核方式，倡导多维度评价。通过"四合"理念（产教融合、校企合作、工学结合、知行合一）及"四个相结合"的实践路径，确保教育内容与市场需求紧密对接，理论知识与实际操作深度融合。同时，强化人文教化、美德净化与技能强化的三维驱动，致力于实现学生、家长、用人单位及国家社会的多方满意，培养出既符合社会需求又具备高度社会责任感的新时代青年。

星青年培养模式通过四大路径深入学生心田：一是依托人文科技大讲堂与君子学堂，弘扬传统文化；二是建立安徽当代社会主义核心价值体系研究中心，将社会主义核心价值观融入教育全链条；三是深化校企合作，与多家知名企业共建学院，实现产教融合；四是构建创新创业联盟，为学生搭建实践平台，激发创新活力。

星青年人才培养模式凭借其独树一帜的三重驱动力——人文教化的滋养、美德净化的锤炼以及技能强化的提升，培育出了一批又一批理想信念坚定、道德品质高尚、专业技能过硬、综合素质全面的双创型/技术技能型人才。这些优秀学子的成长与成就，又反过来为星青年人才培养模式注入了新的活力与内涵，使其底蕴更加深厚，生机更加盎然。这一模式的成功实践，为职业院校在人才培养领域的探索与创新提供了宝贵的经验与启示。总之，星青年人才培养模式以其独特的时代特征与绿海特色，为学生搭建了广阔的发展平台，助力他们在实践中成长，在创新中成才，最终实现个人价值与社会贡献的双重飞跃。

（三）星青年人才培养机制与工作体系

学院致力于构建一套完善的星青年人才培养机制与工作体系，通过设立雄鹰实践班、创业训练营、深化校企合作平台、建设创新创业基地、打造"双师型"师资队伍，以及推广星青年志愿品牌团队，积极参与各类技能竞赛，全方位提升学生的综合素质与实践能力。

为此，学院相继推出了"创业雄鹰实践班""企业家《商道》领袖特训营"以及"星青年创业训练营"等特色项目，并开发了星青年特色教育双创课程，以激发学生的创业精神与创新能力。

在产教融合与校企合作的推动下，学院与众多行业领军企业及知名高校，如同庆楼、上海希尔顿酒店、华为技术有限公司、北京大学、中关村管委会，以及德国、美国的相关机构等建立了紧密的合作关系，共同为学生的高质量就业铺就道路。此外，学院还在合肥、北京、上海、广州等地与多家企业合作，开展校企合作、定向培养及订单服务，并在校内建立了涵盖多个领域的实训基地，促进了教育形式的多样化与办学格局的多元化，进而提升了人才培养质量与社会服务能力。

学院不断拓展合作网络，与哈工大机器人集团、浙江名淘投资控股有限公司、北京华航航空服务有限公司等超过100家知名企业及高校建立了深度合作关系，实现了资源共享与人才共育。特别是在创新创业教育领域，学院积极发挥引领作用，于2016年3月12日发起成立了安徽省高等职业院校创新创业联盟，为联盟内的20多所职业院校提供了创业导师培训及竞赛支持。

此外，学院还与德国IB集团科隆教育中心签署了中德合作办学协议，在物流、商贸、旅游和汽车技术等专业领域展开了深入合作。同时，星青年（国际）职教小镇项目的规划也在稳步推进中，并于2018年1月22日在北京举行了项目规划评审论证会。

2020年12月18日，学院与哈工大机器人集团签署了战略合作协议，共同

建立了哈工现代智能与健康学院，联合开设了 7 个前沿专业，并共建了产学研创新平台，致力于培养具有创新精神与实践能力的应用型技能人才 1000 余人，服务于哈工大机器人集团在安徽及全国的 300 多家科技型企业。

（四）星青年人才培养体系的特点

1. 整合资源、多维融通，营造育人大格局

经过充分的市场调研与深入的学术探讨，学院明确了星青年人才培养的清晰目标与实施路径，构建起一套完整且内涵丰富的体系，该体系详细阐述了星青年的核心理念、"星"字寓意、行动纲领、宣言、人才目标设定、素质能力标准、专业培养方案、管理制度体系、导师队伍建设规划以及星级人才评价机制等。

★ 把爱国主义作为始终高扬的光辉旗帜
★ 把奉献社会作为不懈追求的人生境界
★ 把勤奋学习作为人生进步的重要阶梯
★ 把深入实践作为成长成才的必由之路

星青年行动纲领

首先，在平台建设方面，学院主动作为，牵头建立了三大省级综合平台——安徽省当代社会主义核心价值体系研究中心、安徽省高等职业院校创新创业联盟及安徽省红色文化研究工作委员会。这些平台各有侧重："研究中心"通过"一个中心，六个结合"的策略与《思政云参》的创办，有效推动了社会主义核心价值观的深入实践与思政课教学的创新；"双创联盟"则设定了双创教育的明确目标与课程体系，并通过举办师资培训班，强化了双创教育师资力量；"红研会"精选的红色资源与实践基地，为学院红色文化传承提供了有力支撑。

其次，在学术研究方面，学院积极举办高端研讨会，先后在南开大学、北京大学等高校邀请国内外知名专家学者及职业教育界领军人物，围绕星青年人才培养的各个方面进行深入交流与探讨，汇聚智慧，制定更加精准有效的培养策略。

最后，学院注重产教融合，与南京诚明书院、江苏固锝电子公司、浙江方太集团及国家行政学院中华优秀传统文化实践课题组等合作，成立了"三全育人"创新研究中心，致力于探索产学研深度融合的新模式。通过促进专业知识与市场需求的对接、传统技艺与现代技术的融合，不仅提升了学生的专业素养与技能水平，还增强了他们适应市场变化的能力，实现了教育与产业的良性互动，为高职人才培养与经济社会发展之间构建了紧密的桥梁。

2. 品格为基、以文化人，建立全员德育体系

高校应将"立德树人"置于教育工作的核心，确保思想政治工作贯穿于教学全过程，实现教育的全面覆盖与深入渗透。《关于加强和改进新形势下高校思想政治工作的意见》及《国家中长期教育改革和发展规划纲要》等文件均指出，教育应德育为先，注重能力培养，促进全面发展。《职业教育提质培优行动计划》更是具体提出构建"三全育人"新格局，而《高校思想政治工作质量提升工程实施纲要》则进一步细化了"十大育人"体系，对高校实施"三全育人"提出了更高要求。

陈孝云多次重申，立德树人是教育的根本，立德是教育发展的基石。为此，学院紧密围绕"立德树人"这一核心任务，以社会主义核心价值观为引领，构建了全方位、全过程的育人体系。学院成立了"三全育人"工作领导小组，明确了包括学院党委、各党支部、教学管理部门、科研团队、思政宣传部门、教学院系及教职工在内的全员职责体系，确保育人工作无死角、全覆盖。

在具体实施上，学院采取了多项有力措施。一是强化思想引领，充分发挥思政课的主渠道作用，通过改革教学模式、推行小班化教学、增强师生互动、融入实践元素及互联网技术，使思政课既有理论深度又充满情感温度。同时，

加强课程思政建设，深入挖掘各门课程的育人元素，创新实施路径，让专业课程也能讲出"思政味"。

二是坚守思想主阵地，通过举办系列主题教育活动，如纪念五四运动、党史学习教育等，高扬主旋律，激发学生的爱国情怀和奋斗精神。学院还利用校外实践基地，如金寨红军广场等，定期开展实践活动，增强学生的历史使命感和责任感。此外，学院还设计了"爱国、守纪、勤学、感恩、诚信、笃行、敬业"等主题教育，全方位培养学生的综合素质。

三是突出传承与创新，着力打造绿海文化品牌。学院以文化人，构建了以教育思想与办学理念为基石，以"四大文化"为支柱，融合徽商文化等多种元素的绿海文化体系。通过举办江淮人文大讲堂、建设星青年文化广场等活动，将传统文化与现代精神相结合，为学生提供了丰富的精神食粮。同时，君子学堂和六艺堂的设立，更是从多个维度引导学生修身立德、全面发展。

在这片充满古韵与书香的校园里，广大学子正积蓄着成长的力量，用青春的热情和不懈的努力，点亮梦想，成就未来。

3. 学科融合、课程统整，构建特色课程体系

"课程是根基，我们要为学生深挖一口智慧的井，滋养他们的多元思维，激发创新创业的潜能"，这是陈孝云经常强调的理念。在他的引领下，学院秉持以学生为中心的办学方针，加速学科交叉融合与课程整合，精心构建了一个独具特色、多元融合的课程体系。

首先，顺应时代潮流，立足高职教育现状，聚焦问题与挑战，以体系化特色教育为方向，推动职教改革。坚持创新引领，打破传统单一评价模式，倡导多维度人才观，融合专家、企业家、培训师的力量，将第一课堂与第二课堂、理论教学与实践训练紧密结合。同时构建了一个系统性强的教育体系，既高扬理想信念，又全面整合教育资源，遵循学生成长规律，明确以成才为核心的教育路径，强化协同工作机制。

其次，实施了"五大课程、十大工程"计划，为学生铺设清晰的成长路径。

围绕"全面发展、专业技能、高尚品德、创新精神"的培养目标，学院成立了星青年股份教学培训中心，重点开设互联网金融、企业管理、实战营销等特色课程。"十大工程"则涵盖了从创新人才培养到项目孵化、资金整合、平台建设等全方位的支持体系，旨在挖掘创新潜力，培养创业典型。

在课程设计上，注重课程思政的融入，深入挖掘各门课程的思政元素，将立德树人贯穿于教学全过程。通过设立必修课程、强化授课监督、开展说课比赛等措施，不断提升教学质量。同时坚持以学生为本，构建"两个一体"的教育模式，即将课内课外、课程教师基地平台有机结合，强化学生综合素质培养，激发创新创业兴趣，树立"职业人"理念。

最后，课堂是育人的主战场，教学质量是关键。在陈孝云的指导下，各二级学院积极开展"九大课堂"行动，通过多样化的课堂形式，促进教学相长。同时推行"四习"教学模式，利用现代教学手段，提升课堂教学效率，营造和谐高效的学习氛围。这一系列举措，旨在为学生提供更优质的教育资源，助力他们成长为社会所需的高素质人才。

4. 丰富育人载体，打造育人品牌

学院精心构建了多元化的育人平台，包括江淮人文大讲堂、道德讲堂、党建文化广场、星青年文化广场、六艺堂、双创俱乐部、商道特训营等，举办了丰富多彩的校园文化活动，如校园文化艺术节、双创文化节等，全面促进学生发展。特别是星青年"12345"工程，通过职业生涯规划演讲、经典诵读、企业舞蹈学习、四类实践活动参与及五星管理能力培养，系统融入第二课堂并实行学分制管理，有效提升了学生的综合素质。

在育人实践中，学院深入贯彻"四合"理念（即产教融合、校企合作、工学结合、知行合一），依托省级校企合作示范基地，与众多知名企业合作共建品牌专业、实训室，拓宽学生就业路径。同时，以市场为导向，实施订单式人才培养模式，确保教育与产业需求紧密对接，目前已与超过300家企业建立了合作关系。

学院高度重视社会实践能力的培养，将理论教育与实践教育紧密结合，通过专业课实践、社会实践、志愿服务、创新创业等多种方式，全面提升学生的实践能力。学院还推行"第二课堂成绩单"制度，鼓励学生积极参与各类活动，并多次组织服务国家重大活动的志愿者团队，展现了学院学子的风采。同时，学院与多方合作，举办创新创业赛事，增强学生的双创意识和能力。

此外，学院深知心理健康的重要性，定期邀请心理专家为师生开展培训，建立心理健康档案，对有需要的学生进行个案跟踪辅导。学院设有专业的心理咨询室，为师生提供及时的心理支持。

"办有品质的学校，做有温度的教育"，陈孝云的这一理念始终贯穿于学院的教育教学工作中，指引着学院不断前行，为学生的全面发展创造更加优质的环境和条件。

5. 重塑师资生态，激活教育动能

师资是提升教学质量与增强人才竞争力的核心要素，构建高素质"双师型"教师队伍是推动职业教育现代化的基石。学院坚持以"四有好老师"标准为引领，既强调教师的理想信念、道德情操、知识底蕴与仁爱之心，同时践行"四个引路人"的角色定位，确保教师成为学生品格塑造、知识学习、创新思维及爱国情怀的引航者。此外，学院还遵循"四个相统一"的原则，强化教师的思想政治与师德修养。

在教师队伍的扩充与培养上，学院严格选拔机制，通过公开招考、专家推荐及综合考核等方式，确保每一位新教师都具备扎实的专业基础。同时，积极探索创新教师发展模式，为不同成长阶段的教师定制个性化成长路径，拓宽其专业发展渠道。这包括邀请行业专家进校交流、组织教师参加国内外学术会议、实地考察学习及省、国家级培训项目，构建起三级联动的教研体系、跨学科教研平台及教科研联合平台，从而全面提升教师的综合育人能力。

为响应"三教改革"与"1+X"证书制度的需求，建立了高校、职校与行业、企业协同培养的"双师型"教师机制，通过引企入校与引校入企的双向互动，促进教学与实践的深度融合，重点培养"双师型"专业教师，构建职业教育人才成长的多元化体系，为学生的全面发展提供坚实保障。

特别值得一提的是，三级联动教研平台在实践中取得了显著成效。它打破了传统教研的局限，实施跨学段的大教研模式，将教学内容置于更广阔的实践维度中审视，明确了教学目标的连贯性与递进性，推动了思政理论课等关键课程的一体化建设。此外，三级联动教研平台的建立有效整合了教研组与课题组的力量，通过定期召开联席会议，协同推进跨学科研究，如思政课程与课程思政的"两位一体"特色示范课堂建设，就是一个成功的范例。这一举措不仅促进了学科间的交流与融合，也为提升全体教师的育人能力奠定了坚实的基础。

6. 结合实际，完善职业教育综合评价

生命的成长与发展是一个多维度、综合性的过程。学院深刻认识到，评价作为办学的指南针，其重要性不言而喻。因此，学院积极响应新时代教育改革的要求，将职业教育的核心理念——德技并修、产教融合、育训结合、就业质量以及"双师型"教师队伍建设等关键要素，明确纳入评价体系之中，并鼓励行业、企业等社会各界积极参与，共同为教育质量把关。

从学生踏入校园的那一刻起，学院就为每位学生精心建立了学生成长档案。这份档案如同一本珍贵的日记，详细记录了学生在校期间的每一步成长足迹，从入学到毕业的每一个重要时刻，每一学期的奋斗目标、学习计划、取得的成就与荣誉，都被一一收录其中。此外，档案还包含了来自教师、同学、家长以及行业、企业等多方面的综合评价，这些评价不仅客观反映了学生的综合表现，更体现了评价的多元化与全面性。

在评价过程中，学院始终秉持激励性、过程性和发展性的原则。学院注重发现并肯定学生的每一点成长与进步，用正面的反馈增强学生的自信心与责任感。这样的评价方式，不仅帮助学生更好地认识自我、完善自我，也为他们未来的发展奠定了坚实的基础。

（五）星青年导师队伍建设

学院始终将教师队伍建设置于重要位置，致力于将每位教师培育成基础坚实、能力卓越、品德高尚、满怀爱心的杰出星青年培训师。通过明确目标导向、科学规划路径、严格执行落实，努力塑造出"四有好老师"队伍，使他们成为学生品格塑造、知识学习、创新思维及奉献祖国的坚实引路人。

学校开展星青年导师系统培训

在师资培养上，学院双管齐下：一方面，强化专业带头人、骨干教师及思政学工队伍的建设，特别关注中青年教师的成长，利用老教师的丰富经验进行传帮带，重点培育"双师型"教师作为核心力量；另一方面，积极吸纳具备"双师"资质的兼职教师，构建起一支精干高效、素质优良、结构合理的专兼职教师团队，共同推动教学质量与育人水平的提升。

（六）社会各界对星青年赞不绝口

星青年人才培养模式赢得了社会的广泛认可与赞誉。北京大学厉以宁教授欣然题词"遥看一色海天处，正是轻舟破浪时"，高度肯定了学院的探索与实践。教育部原副部长、中国职业技术教育学会会长鲁昕也给予了积极评价，鼓励学院继续深化改革，积累经验，树立职教新标杆。多位教育界专家学者均认为该模式与高职教育生态高度契合，具有创新性和实效性，为企业输送了大量高素质技能人才，展现出广阔的推广价值。

自 2016 年起，星青年人才培养模式在学术界与业界引起热烈反响。南开大学研讨会上，关乃佳前副校长等领导专家表示高度认可，得到了全国 20 多位知名专家学者的关注与建言。中国教育报亦多次报道，称赞民办职校在创业人才培养上的卓越成就。

学院因此荣获多项殊荣，包括安徽省教育厅授予的"校企合作示范单位"、省级教学成果二等奖，以及全国科学工作能力建设"产教融合先进单位"等称号，充分证明了星青年人才培养模式的成功与影响力。

实践证明，这一模式不仅有效履行了高职院校文化传承、人才培养、服务社会的使命，还极大地拓宽了产教融合、创新创业的发展空间，助力无数学子成就梦想，为企业和社会输送了大量优秀技术管理人才。据统计，已有超过 2 万名商务人才受益于该模式，其中不乏创

星青年人才培养模式获安徽省
教学成果二等奖

业成功的企业家、上市公司董事长、各行业标兵等杰出代表。绿海学院毕业生近乎百分之百的就业率，更是这一模式成效的有力证明。

星青年人才培养模式以其独特的魅力和显著的成效，赢得了学生、家长、企业及社会各界的广泛好评，成为职业教育领域一颗璀璨的明星。

二、精准对接，优化人才培养全程

陈孝云始终致力于深思与探索多个关键领域：他思考如何引领学校迈向稳健发展的道路，积极寻求搭建起师生共同实践的有效平台；他不断探索增强学生学习成效的新途径，力求让每位学生都能实现高效学习；同时，他也关注如何激发专业领域的活力，让教学与研究焕发勃勃生机。这些思考与实践，构成了他工作的重要组成部分，推动着学校与师生共同进步。

（一）质量立校，引领改革

职业教育作为国家教育体系与人力资源开发的关键一环，国家对于新时代技术技能人才的培育提出了更为严格的标准。面对社会上对高职生的普遍误解，陈孝云总是满怀深情地指出："我们高职教育界常感焦虑，外界往往将高职生标签化为学习力稍逊、习惯欠佳的学生群体。但身为教育者，我亲眼见证了他们的阳光向上、彬彬有礼，以及众多令人瞩目的作品与成就。这坚定了我坚守初心、不懈努力的信念。"无论是在正式场合还是私下交流，他都不忘传达这份信念。

因此，深入探索职业教育的核心价值，倾心关怀每位学子的成长成才之路，加速专业集群建设步伐，持续优化人才培养方案，并构建独具特色的课程体系，已成为学院向高水平大学迈进的必经之路。

多年来，学院紧密围绕立德树人的时代使命，深入贯彻全国教育大会、职业教育大会及高校思想政治工作会议精神，以社会主义核心价值观为灯塔，以理想信念教育为核心驱动力。陈孝云以身作则，夜以继日地工作，积极倡导并创立了星青年人才培养模式，致力于解答"如何培养人"与"如何提升育人质量"的时代课题，通过创新融合与实践赋能，致力于培养出能够经世致用的工匠型人才，持续书写高职人才培养的辉煌篇章。

自党的十八大以来，学院明确了"自强不息、知行合一、合作共享、内圣外王"的核心教育理念，并确立了"一体两翼"的发展战略：即以建设高水平职业大学为主体目标，将强化文化传承与创新创业教育作为两大支撑。这一战略旨在培养出既拥有坚定理想信念、高尚道德情操，又具备精湛专业技能与全面综合素质的新时代星青年。

（二）模式创新，设计未来

陈孝云巧妙地融合了现代高职教育的前沿理念与学院的实际情况，首创了星青年人才培养模式。这一模式紧密围绕高职院校的教育特点和人才培养目标，不仅融入了社会主义核心价值观教育和创新创业教育，还坚持因材施教，将立德树人作为根本任务，展现了鲜明的时代特色与创新精神。

陈孝云常强调，职业教育是一项意义深远的事业，其重要性需与党中央、国务院关于大力发展职业教育的战略部署相契合。他认为，职业教育应全面培养学生的职业道德、职业技能及就业创业能力，重点提升学生的做人品德、做事能力及未来发展潜力。

在陈孝云看来，职业教育的活力源泉在于将行业、产业、企业的实际需求与就业、立业、创业的理念深度融合到教学与实践之中。他秉持"以生为本、以爱育人"的教育理念，致力于振兴职业教育，积极构建充满爱心的校园文化，激励师生共同探索绿海学院发展的新路径。

为此，学院积极响应，提出了"党建引领示范校""三全育人建设校"及"总经理助理炼造校"三大建设目标，旨在从人才培养质量、专业建设、教学改革、产教融合、校企合作等多个维度实现全面提升，最终达到"高水平教学、高层次升学、高质量就业"的宏伟目标。

（三）专业集群，提升实力

学院积极响应国家职业教育改革号召，紧密结合区域经济发展趋势、供给

侧改革方向及产业结构变动情况，紧密围绕商务行业的产业链、人才链、就业链与创新链，确立了彰显行业特色的基本原则。在此基础上，学院重点打造经济贸易、工商管理、信息技术及艺术设计四大专业群，旨在通过聚焦优势特色专业，深

安徽省教育厅

皖教秘高〔2023〕103号

安徽省教育厅关于公布高水平职业院校和专业群建设单位的通知

安徽绿海商务职业学院：
　　根据《安徽省教育厅关于开展"双高计划"建设项目申报的通知》要求，经认真组织遴选并报省委教育工委会议审议通过，确定你单位为省级高水平专业群建设单位。

安徽省教育厅
2023年8月3日

学校获批安徽省"双高计划"高水平
专业群建设单位

化专业内涵建设，构建以优势专业为引领，相关专业协同发展的专业集群，有效服务并辐射周边区域、行业、企业及村镇，切实增强学生的就业竞争力和创新能力。

　　为更好地契合学院发展战略，学院已完成 41 个专业人才培养方案的全面修订工作。此次修订，不仅强化了学院"自强不息、知行合一、合作共享、内圣外王"这一核心教育理念，还进一步明确了培养目标，即培育出拥有坚定理想信念、高尚道德情操、精湛专业技能及全面综合素质的新时代星青年，为他们的未来发展奠定坚实的基础。

（四）学生中心，教育转型

　　陈孝云秉持"以生为本"的核心理念，精心构建了课内与课外两大相辅相成的教育体系。课内教学体系严谨而全面，涵盖公共课、专业基础课及专业核心课，其中公共课坚持实用、适度原则，并加大实践课程比重，着重培养学生的实操技能和动手能力；课外教学则丰富多彩，融合了中华文化经典教育、六艺体验、六大技能及五星管理等内容，旨在拓宽学生视野，提升综合素养。

　　作为民办职业院校的佼佼者，绿海学院凭借其创新的星青年人才培养模式荣获安徽省教学成果二等奖。该模式下培养的学生就业率近乎百分之百，赢得了企事业单位及社会各界的广泛赞誉。

陈孝云深信，教育的真谛在于"授业于人，传道于心"。他强调，教师不仅要传授专业知识，更要注重培养学生的职业素养与工匠精神，即执着专注、精益求精、一丝不苟、追求卓越。为此，学院倾力打造"三堂""三坛"平台，汇聚大师智慧，弘扬国学精髓，激发创新创业活力，深化社会主义核心价值观教育，为师生提供广阔的交流与学习空间。

深受陶行知先生"捧着一颗心来，不带半根草去"教育精神的影响，陈孝云将教育视为终身追求的事业，以强烈的事业心和责任感，不仅传授知识，更引导学生求真、学做真人。陈孝云的职教情怀体现在每一个教学瞬间，每一次师生互动，每一次对学生的悉心引导与鼓励之中。

践行陶行知教育思想，弘扬教育家精神

办学近二十载，绿海学院硕果累累，不仅培养出众多上市公司董事长，还涌现出一批市级创业标兵、社会主义核心价值观代言人及北京卫戍区优秀标兵。

这些成就充分证明了星青年人才培养模式的有效性，它促进了产教深度融合，为高职院校的发展开辟了新路径，赢得了教育界的广泛认可。

陈孝云深知，提升中国制造业竞争力，发展安徽文旅与商务职业教育，离不开一支优秀的师资队伍。他身体力行，言传身教，带领并培养出了一支由大师引领、青年教师为骨干的教师团队，实现了"一人带动一群"的良好效应。通过持续的业务交流、课题攻关与专业培训，教师们的职业素养显著提升，爱岗敬业、甘于奉献、精益求精的工匠精神在团队中蔚然成风。青年讲师黄杨在学习感悟中，深受先哲范蠡品质的启迪，立志将其融入教学，传承给每一位学生，这正是绿海学院精神风貌的生动写照。

（五）第二课堂，完善体系

大学的核心使命在于育人，陈孝云基于星青年人才培养模式，精心构建了涵盖思想品德教育、文化熏陶、社会实践锻炼及创新创业教育的"四位一体"第二课堂教育体系，旨在促进第一课堂与第二课堂的深度融合与互动，共同促进学生全面发展。

1. 举办多彩活动，营造校园文化

绿海学院高度重视学生综合素质的培养，积极鼓励学生参与社团活动。目前，学院已建立起涵盖学术科技、公益服务、文化艺术、体育竞技四大板块的社团体系，每年吸引大量新生加入，学生参与的热情日渐高涨。为确保社团活动的有序开展与高效管理，学院在陈孝云的推动下，制定了《学生社团管理暂行办法》及《学生社团指导教师遴选管理办法》等一系列规章制度，并组建了一支由30余名教师组成的社团指导团队。通过举办社团活动月，学院每年策划并实施了近百项丰富多彩的社团活动，吸引了上万名学生参与，其中不乏爱心社、古典诗词背诵协会、数字艺术协会等深受学生喜爱的优秀社团，它们已成为第二课堂不可或缺的活力源泉。

学院还致力于营造浓厚的文化氛围，通过举办校园文化艺术节、读书会、

文体竞赛、志愿服务及科技创新等多样化的文化活动，全面提升学生的人文素养、实践能力和职业适应性。每年，校园文化艺术节都会带来近百项精彩纷呈的活动，学生参与度高达 90%，有效促进了校园文化的繁荣与发展。

自办学以来，陈孝云始终秉持"文化塑校、特色扬校、质量兴校、品牌立校"的办学理念，积极响应国家文化强国战略，将文化建设、文化育人视为学院发展的核心任务。为此，学院成立了安徽省当代社会主义核心价值体系研究中心，并实施了"一体两翼"发展战略，全面将中华优秀传统文化融入教育教学之中。

学院特别注重"礼敬中华优秀传统文化"活动的开展，通过开设国学大讲堂、邀请知名国学专家授课，以及组织经典诵读活动，如《弟子规》《孝经》《大学》《论语》等，采用诵读、讲解、交流、竞赛等多种形式，加深师生对古代经典的理解与感悟，鼓励将所学经典知识应用于日常生活与工作中。此外，学院还打造了"书香雅韵"校园，设立了六艺堂，内含茶艺室、书艺堂、礼乐堂、形体艺术堂、国学社及项目路演厅等多个功能区，为师生提供了学习茶道、书法、乐器演奏、形体训练及创业项目对接的优质平台，让古典文化的韵味与现代教育的活力在绿海学院交相辉映。

为深入贯彻国家关于传承中华优秀传统文化的政策精神，推动职业院校在民族文化传承与创新方面的示范作用，自 2017 年起，学院持续丰富校园文化内涵，引入戏曲、书法、高雅艺术及传统体育等元素，实施中华经典诵读项目，并开设中华文化公共课程，同时加强对教师队伍的中华文化教育培训，全面提升师资素养。通过举办书法展览、学术研讨会等多样化文化实践活动，学院积极扩大中华优秀传统文化的影响力，弘扬孝敬、慈善、诚信等优秀文化价值。

2. 组织各类竞赛，提升学生能力

陈孝云深刻认识到职业技能竞赛对于高职高专院校人才培养的重要性，视其为培养拔尖创新人才的关键途径。他主张以竞赛为驱动力，检验教学质量，

促进师生技能与素养的双重提升，进而推动教育教学改革。在此理念引领下，学院形成了"赛学相长、赛教融合、赛改互促、赛建并进"的良好生态。

为紧跟国家级、省级赛事标准，学院各职能部门积极组织校内各类大赛，如"星青年杯辅导员职业能力大赛""星青年杯教师教学能力大赛""星青年杯技能大赛月"及"星青年杯大学生职业生涯规划暨创业大赛"等，覆盖了辅导员、教师及学生多个群体。陈孝云不仅亲自参与每场比赛，更以实际行动激励师生，无论是加油鼓劲还是共同庆祝胜利，他都全程陪伴，及时颁发奖项与奖金，营造浓厚的竞赛氛围。他强调，所有参赛师生都应珍惜机会，不断挑战自我，对于条件受限的师生，他更是直接承诺提供支持，确保每位有志者都能获得成长机会。

在陈孝云的引领下，绿海学院形成了月月有赛、赛赛促进的良性循环，师生能力在实战中稳步提升。赛后，他不忘总结经验，鼓励优秀学生备战更高层次的比赛，同时激励未获奖学生再接再厉。这种持续不断的努力与投入，最终汇聚成了学院在各类赛事中的辉煌成绩，如荣获教育部 A 类赛事教师教学能力大赛国赛三等奖、安徽省辅导员能力大赛"优秀辅导员"称号及全国应用型人才综合技能大赛教师创课赛项二等奖等，彰显了学院在职业教育领域的深厚底蕴与卓越成就。这些荣誉的获得，是学院长期积淀与精心培育的结果，更是对陈孝云及全体师生不懈追求的最好肯定。

学院的学生们积极参与了由安徽省教育厅主办的第十五届安徽省大学生职业规划设计大赛，在这场汇聚了全省 117 所高校、超过 30000 名学生的激烈角逐中，他们凭借出色的表现，历经初赛、半决赛的重重考验，最终有 50 个作品脱颖而出进入决赛，并荣获了金奖，成为安徽省内唯一获此殊荣的民办高职院校。在合肥市第三届大学生职业生涯规划暨创新创业大赛上，学院学生王浩哲更是与包括中国科学技术大学在内的众多知名高校选手同台竞技，一举夺魁，并获得了 10000 元的创业基金支持。

省教育厅副厅长解平亲切接见绿海学院获全省大学生职业规划设计大赛一等奖师生代表

在专业技能领域，学院同样表现不俗。在安徽省职业院校技能大赛中，无论是乡村振兴数字运营综合技能赛项，还是跨境多平台运营比赛，学院都取得了二、三等奖的优异成绩。此外，在教育部高校毕业生就业协会主办的第七届全国应用型人才综合技能大赛上，面对全国 769 所高校、12376 支队伍的激烈竞争，学院队伍荣获了三等奖。学院在各类计算机设计、大数据与人工智能应用、质量文化与品牌创意设计等赛事中也屡获佳绩，包括中国大学生计算机设计大赛安徽省级赛一等奖、安徽省大数据与人工智能应用竞赛二等奖、安徽省大学生质量文化与品牌创意设计大赛一等奖等。

尤为值得一提的是，在 2021 中国合肥第四届"薪火相传"国际标准舞（体育舞蹈）全国公开赛中，学院代表队在众多高校队伍中脱颖而出，共 50 人获奖，其中一等奖 8 人、二等奖 42 人，展现了学生们在艺术与体育方面的卓越才能。

近年来，在陈孝云的带领下，学院荣誉室中各类大赛获奖证书琳琅满目，见证了师生们的辛勤付出与辉煌成就。陈孝云深知表彰与激励的重要性，他推动实施了一系列表彰措施，每年为获奖师生发放的奖金近百万元，同时将获奖

成绩纳入师生评奖评优体系，让每一份努力都能得到应有的尊重与回报。

随着学院大赛氛围的日益浓厚，陈孝云又有了新的思考。他强调，学院在享受各类赛事服务的同时，也应积极回馈社会，为参赛师生提供更好的服务。这一理念迅速转化为行动，他积极对外联络，整合资源，计划承办安徽省机器人大赛、全国红色文化导游大赛、全国红色文化讲解员大赛、全国青少年诗歌朗诵大赛等多项赛事，以期在未来的发展中，进一步发挥学院的社会服务功能，为培养更多高素质技术技能人才贡献力量。

三、破旧立新，推动课程体系革新

陈孝云在职业教育的广阔天地里精耕细作已有近二十载，他对职业教育怀有深厚的情感，全心全意地投入到培养具备星青年特质的总经理助理与商务精英的事业中。他深知，课程作为专业建设的基石，其科学性直接关系到人才培养的质量。因此，他始终秉持"德技并重，学训相融，校企合作，工学结合"的教育理念，并以"岗位对接、课程整合、证书融通、赛事引领"的"四位一体"模式为指引，积极推动以专业核心课程改革为核心的专业课程体系重构工作。

以会计专业为例，该专业是绿海学院历史悠久、规模庞大的传统优势专业。随着教育部的最新调整，高职会计专业正式更名为大数据与会计专业，这一变化标志着"大智移云"（大数据、智能化、移动互联网、云计算）等前沿技术将深度融入会计业务处理之中。陈孝云敏锐地捕捉到了这一变革对课程设置与教学改革的影响，他立即向大数据与会计专业的团队发出号召，要求他们积极探索适应新时代需求的数智化、高素质技术技能型会计人才培养新路径，并特别强调了对该专业课程改革的重视。

在陈孝云的直接指导下，该专业团队紧密结合高职院校人才培养的特点与规律，遵循"工学结合、双职多证"的人才培养模式，紧密对接会计职业岗位的实际需求，成功改革并构建了"三递进四融合"的大数据与会计专业课程体系。这一体系不仅体现了对学生从基础到高级、从理论到实践的递进式培养，还实现了课程内容与职业标准、教学过程与生产过程、学历证书与职业资格证书、学习时间与工作时间的深度融合，为培养适应未来会计行业发展的高素质人才奠定了坚实的基础。

（一）"三递进"策略的实施

"三递进"课程体系旨在通过三个层次的学习，逐步提升学生的专业能力。

第一层次是专业基础技能培养阶段。此阶段的课程设置旨在让学生初步掌握大数据与会计专业的基础知识和技能，包括职业领域的基本要求、专业素养、语言表达、自我学习及基础问题处理能力，确保学生步入职场后能满足岗位对基础技能的需求。

第二层次是专业专项技能培养阶段。此阶段的课程聚焦于培养学生的专业核心能力和岗位操作技能，涵盖企业会计核算、成本核算与控制、智慧化税控系统应用、纳税筹划与税务风险控制、智能会计平台及财务共享服务平台操作、管理会计应用、财务与成本分析报告撰写、大数据技术应用、现代化办公系统操作等多个方面。通过这些课程的学习，学生将具备独立处理会计业务、胜任会计主管工作的能力。

第三层次是职业综合技能培养阶段。此阶段，学生在已掌握专业知识和核心技能的基础上，将进一步培养处理全流程会计业务和进行财务综合分析、管理的能力。这一层次的课程依据教育部专业教学标准，并结合学院大数据与会计专业学生的职业定位和实际就业岗位需求进行设置，以专业综合实训课程为主。为了让学生在真实环境中锻炼职业综合技能，陈孝云引入了教育部百千万工程——圆通制项目，通过构建"一专多能"的圆通制仿真综合实训平台，模拟真实工作环境，让学生全程参与大数据与会计专业的业务实习实训，从而有效提升其会计综合职业技能，为毕业后成为业务骨干、财务主管乃至财务经理

奠定坚实基础。

（二）"四融合"模式的推进

"四融合"策略的核心在于紧密对接会计岗位实际需求，从学生未来职业路径出发，结合考证与竞赛要求，精准定位并构建课程体系。首先，确保课程内容与就业岗位能力紧密对接，以满足学生就业需求；其次，将会计职业资格证书及"1+X"证书的考核内容融入课程，助力学生顺利取证；最后，融入职业技能大赛的精髓，提升学生的实战能力。这一策略实现了岗位、课程、证书、竞赛的有机融合，构建了"岗课证赛四位一体"的育人模式。

近年来，大数据与会计专业的学生在"三递进四融合"课程体系的滋养下，展现出了卓越的综合素质。他们不仅在就业市场上备受欢迎，更在各类创新创业大赛、职业生涯规划大赛、智能会计技能竞赛中屡获佳绩，累计斩获 2 金、2 银、11 铜的辉煌战绩，创下了历史新高。同时，学生们还积极投身于"业财一体信息化应用"及"企业财务与会计机器人应用"等职业技能等级证书的考取，展现出对新技术、新工具的敏锐洞察力和应用能力。

为进一步提升教学质量，该专业还积极响应国家号召，参与职业教育"学分银行"建设试点，探索学历证书与职业技能等级证书之间的互认、积累和转换机制，力求实现"证书融通"。此外，大数据与会计专业还注重课程思政与校企合作的深度融合，旨在培养既精通财务业务、掌握先进工具，又善于思考、具备良好职业道德的高素质技术技能人才，为社会输送更多适应新时代需求的财会精英。

四、合作共赢，促进资源共享交流

产教融合、校企合作、工学结合与知行合一，是职业院校凸显教育特色、提升教学质量的关键路径。陈孝云始终坚守职业教育的初心，不断深化校企合作，创新产教融合模式，为地方高职教育改革与发展交出了一份亮眼的成绩单。

（一）助力学生成长，实施系列措施

当被问及绿海学院的办学特色时，陈孝云明确表示，培养具备扎实能力、勇于担当、乐于奉献且人格健全的新一代青年，是学院不变的使命与追求。近二十年来，学院以服务为宗旨，以就业为导向，积极探索产教融合、校企合作的办学之路，与科大讯飞、华为科技、中智财经、蔚来汽车、海尔集团、北京华航、孪生宇宙等头部企业建立了深度合作，覆盖了汽车、财会金融、经贸物流、信息技术、电子商务、航空高铁乘务、国际舞蹈、互联网、大数据、人工智能等多个领域，为社会输送了大量专业人才。2017年，绿海学院荣获安徽省"校企合作示范基地"称号，标志着学院在校企合作方面取得了显著成效。

绿海学院"联姻"德国 IB 集团科隆教育中心，共同培养物流、商贸、
旅游和汽车等专业人才

2019年，绿海学院更是成为安徽省首个入选教育部"科学工作能力提升计划（百千万工程）"的职业院校，与圆通科学工程院携手，共同推进产教融合、校企合作的深度发展。作为"安徽省百千万工程实习实训示范基地"，学院产教

融合服务中心致力于服务全省职业院校，为大学生提供全方位的能力与素质提升培训，努力将绿海学院打造成为大学生就业前的"实训基地"和企业的"人才摇篮"，为地方经济社会发展贡献更大力量。

在教育部举办的产教融合研讨会暨百千万工程会议上，陈孝云受邀发表主旨演讲，他强调，作为一名有信仰的教育工作者，应致力于实现职业教育与市场需求的精准对接，推动产教融合、校企合作的深入发展。

为拓宽学生就业渠道，陈孝云亲自挂帅，带领团队开展访企拓岗促就业专项行动，深入实施就业工作"一把手"工程，积极挖掘岗位资源，促进人才供需的有效对接，并建立了校企合作的常态化机制。同时，他还高度重视学生的创新创业教育，推出了"星青年特色教育双创课程"，紧跟社会需求，为学生量身定制实战技能课程，助力学生在未来职场中脱颖而出。

2016年3月12日，绿海学院携手多所院校，在安徽省教育厅的鼎力支持与指导下，成功发起并成立了安徽省高等职业院校创新创业联盟。该联盟汇聚了双创委员会及省内外丰富的创新创业教育资源与孵化力量，构建起一个连接市场、行业、企业与高校的无缝对接平台。通过设立双创俱乐部、特训营，组建专家团队，设计双创课程体系，实施"十大工程"与"五大课程"等策略，我们搭建起服务平台，聚合优势资源，提供政策导向，全方位激发和支持大学生的创新创业活力。

随着产教融合的深入发展，绿海学院已迈入新阶段，实现了区域产业集群与学科集群的深度融合，共同构建区域科技创新体系，与区域经济社会发展同频共振。在这一进程中，陈孝云敏锐洞察时代趋势，于2020年年底与哈工大机器人集团达成战略合作，共同打造哈工现代智能与健康产业学院，联合开设7个前沿专业，建立产学研创新平台，年均为社会输送千余名应用型技能人才，有力支持了哈工大机器人集团在安徽乃至全国300多家科技企业的快速发展。此举标志着绿海学院在新商科产业学院建设上迈出了坚实步伐。

2022年5月，绿海学院再次发挥自身优势，与海尔智能家电科技有限公司签署战略合作协议，携手组建海尔智慧产业学院，并成立产教融合专业委员会。双方共同搭建创新创业资源服务平台，优化专业群布局，构建起以人才培养为核心，共建、共享、共赢的产教融合新生态，不仅强化了人才培养效能，也深化了产教融合的实践，为校企合作育人创造了更加优越的创新创业环境。

陈孝云强调，通过校企深度融合，确保了人才培养与市场需求的精准对接，实现了学生从入学到就业、从上岗到高薪、从入职到高端职业发展的无缝衔接，开创了"专业共建、人才共育、成果共享、发展共赢"的校企合作新局面。

如今，一批批绿海学子已步入社会，他们中有的成为单位的中坚力量，有的成为行业的佼佼者，更有不少校友成功创业，展现了绿海学院教育的丰硕成果。展望未来，我们有理由相信，绿海学院将继续培养出更多优秀人才，成为各行各业的精英干将。

（二）发挥自身优势，积极服务社会

高职院校的核心使命之一在于服务社会，这既是其基本功能，也是不可推卸的社会责任。在当前经济社会快速发展的背景下，高职院校的主要社会服务任务聚焦于为区域和行业培养高素质技术技能人才，推动技术创新与服务，以及传播和弘扬先进文化。

陈孝云始终紧跟国家发展战略步伐，高度关注绿海学院在适应社会需求及贡献社会方面的表现。他致力于培养社会急需的技能型人才和具有服务精神的青年志愿者，通过践行社会主义核心价值观和传承中华优秀传统文化，融合创新创业教育于教学全过程，旨在培养出能够担当民族复兴大任的新时代青年。他坚持"立德树人、三全育人"的教育理念，着重培养学生的"七星"素养（德、智、健、美、能、力、才）和"七力"（沟通、领导、团队协作、创新、学习、创业、实战），力求打造一专多能、高素质、高技能、创新创业的复合型人才。

为积极响应国家长三角一体化发展战略，陈孝云积极推动区域合作与交

流，强化校企合作与产教融合，构建校企联动平台，促进双方资源共享、优势互补，共同培养具备扎实专业知识、熟练操作技能和良好职业态度的应用型人才，以更好地服务于地方经济发展。陈孝云深入探索并实施"产教融合、校企合作、工学结合、知行合一"的育人模式，针对高职学生工作经验不足的问题，精心构建实践能力培养体系，助力学生快速积累岗位经验。

作为安徽省内首家入选教育部"科学工作能力提升计划（百千万工程）"的高职院校，绿海学院依托"圆通工作院"这一科学工作能力实训基地，科学设定工作标准，强化理论与实践相结合，通过教、学、做一体化教学，有效缩短学生适应岗位的时间，提升其岗位适应能力和持续发展潜力，为高校治理现代化和服务社会提供坚实的人才保障。

自"百千万工程"项目在绿海学院落地实施以来，通过持续的师资培训、丰富的教学实践以及深入的教研科研活动，学院精心打造了一支星青年导师团队，显著提升了学院师资的整体水平和实力。这一过程中，众多优秀学子脱颖而出，赢得了数十项赛事荣誉，有效提升了毕业生的就业竞争力，真正实现了"成就一学生，幸福一家庭"的办学初心与使命。

教育部"科学工作能力提升计划（百千万工程）"落户绿海学院

绿海学院自创立之初，陈孝云便发起并组建了绿海学院学生志愿者队。秉持"立足校园、发挥优势、奉献爱心、服务社会"的宗旨，弘扬"奉献、友爱、互助、进步"的青年志愿者精神，鼓励学生在服务中自我提升、自我发展、自我锻炼、茁壮成长。十多年来，志愿者队围绕社区、校园服务为核心，辅以大型校外志愿服务、"三下乡"社会实践等活动，特别是在国内外重大赛事、会议中，如第四届全国体育大会、世博会、世界游泳锦标赛等，均留下了绿海学子的身影。尤为值得一提的是，在多项国际级盛会上，绿海学院作为安徽省内唯一的高职院校代表，参与志愿服务并屡获殊荣，如"安徽青年志愿者优秀组织奖""最佳志愿团队"等，赢得了广泛的社会赞誉和良好的教育成效。

同时，绿海学院积极响应合肥文明城市建设号召，积极参与各类志愿服务项目，如助力复学、关爱留守儿童、湿地保护、疫情防控演练等，用实际行动为城市文明建设添砖加瓦，展现了作为文明城市建设引领者、实践者和维护者的责任与担当。

在传承红色文化方面，陈孝云提出创新思路，依托本土丰富的红色文化资源，与多家红色教育基地合作共建，打造红色文化传播基地群，并建设星青年文化广场、党建广场等，面向校内外广泛开展红色教育活动，让红色基因在新时代青年中薪火相传。

办学近二十载，绿海学院以独特的"绿海模式"服务社会，赢得了社会各界的广泛认可与好评，也获得了多位教育界专家的赞誉与肯定。

五、关怀备至，助力教师幸福成长

习近平总书记强调，"要处理好党建和业务的关系，坚持党建工作和业务工作一起谋划、一起部署、一起落实、一起检查。"在此指引下，陈孝云始终秉持"党建引领教育，教育强化党建"的治校理念。学院坚决贯彻党的教育方针，

坚守社会主义办学方向，将立德树人作为根本任务，致力于提供人民满意的教育服务。学院不断提升工作品质，确保所有工作均在党建的引领下有序开展，让党建成为推动常态管理和教育教学工作的强大动力，充分发挥党支部在学院各项工作中的核心领导作用。

具体实践中，一是严格执行"三会一课"制度，持续提升会议与学习质量，丰富学习内容；二是主动开展多样化的主题党日活动，并及时反馈活动信息；三是持续优化基层组织建设，明确责任主体，健全决策体系；四是持续强化党风廉政建设，定期提醒党员教师严守政治纪律，树立正确的"三观"。

面向新时代，学院党委在继承中创新，勇于探索，推行"党员+教师"的深度融合教育模式，实施"名师党员化，党员名师化"的"双师"培养计划，旨在促进党员教师党性提升与专业能力发展的双重飞跃。学院还创新性地提出"三关三引领"工作法，旨在让学院党建更加贴近人心：关心教师思想动态，引领其快乐工作；关注教师专业成长，助力其体面工作；关爱教师生活需求，营造温暖工作氛围。

（一）思想引领，促进教师快乐工作

"教师肩上，一边承载着中华民族复兴的重任，另一边则关乎千家万户的幸福与每个孩子的未来"，陈孝云深情地表达道。作为党委书记，陈孝云始终将提升教职员工的思想境界与职业幸福感视为学院工作的核心要务，积极倡导全员德育，德育惠及每个人，努力营造一个让每位教职员工都能幸福工作的环境。

在日常的点点滴滴中，教育的温暖与力量悄然传递。每日，党员教师们忙碌的身影穿梭于校园各处——校门口的热情问候、食堂里的贴心服务、教学楼内的耐心指导、图书馆里的静谧陪伴，他们用自己的行动诠释着责任与奉献。每月的主题活动日，更是党员教师们展现风采的舞台，一个个感人至深的故事，如同春风化雨，滋润着师生的心田。

当每年的师德建设月来临，党员教师们更是身先士卒，引领师生共同踏上一段心灵与知识的旅程。他们组织诵读经典，让传统文化的精髓在师生间流淌；宣传法治知识，增强师生的法律意识与自我保护能力；参与志愿服务，身体力行地践行社会主义核心价值观。在这一系列活动中，党员教师们不仅展现了高尚的师德风范，也让师生们深刻体会到了师德建设的重要意义，共同体验着这份光荣而神圣的使命。

（二）职业关怀，保障教师体面工作

在推动教师职业发展方面，陈孝云展现出了高度的政治敏锐性、思想重视度和行动引领力，让每位教师都能深切感受到职业的崇高与肩负的使命。为激发教师队伍的积极性、主动性和创造性，陈孝云积极倡导党员教师发挥"六带头"作用，即引领校园文化规划、课程创新、示范教学、科研攻关、社团指导及校园环境美化，旨在培育"四有好老师"，并探索更加生态化、可持续的教师成长路径。

学院坚定不移地实施名师名校战略，全方位助力教师成长。具体措施包括：一是实施分类管理，针对不同层次教师的发展需求，量身定制成长方案。对青年教师，注重关键期扶持，通过关键事件、人物和资源，为其职业生涯按下加速键；对骨干教师，聚焦高原期突破，推动其专业能力的跃升；对卓越教师，则搭建更高平台，助力其实现二次飞跃。二是加强学科团队建设，建立学科带头人机制和大师工作室，将个人绩效与团队发展紧密绑定，通过激励机制激发团队创新活力，促进教学科研双轮驱动。三是深化集体备课制度，明确"三课"（即备课、说课、评课）规范，强化教材解读能力，通过资源共享与经验交流，促进教师队伍整体专业能力的提升。

为突破发展瓶颈，加速学院高质量发展步伐，学院每年斥资数百万，实施"引进来、走出去"战略。一方面，邀请业界专家来校指导，为师生提供前沿知识和实践经验；另一方面，鼓励教师外出交流研讨，拓宽视野，提升水平。

这些努力取得了显著成效，学院教师在省级、国家级教学技能大赛中屡获佳绩，指导学生参赛也收获颇丰，赢得了考生、家长及社会各界的广泛赞誉，有效提升了职业教育的社会形象。

（三）生活关爱，营造教师温暖工作氛围

为解决部分教师因子女年幼及家庭事务繁重所面临的困扰，学院全面实施了3/5弹性考勤制度，允许专职教师根据实际情况灵活调整打卡时间，以更好地平衡工作与生活。同时，食堂饭卡为教师提供补贴，优先安排教师午休房间，并每年为教师安排一次全面的免费健康体检，全方位关怀教师的生活与健康。

学院高度重视教师的心理健康状况，建立了完善的心理健康关怀体系，旨在促进教师身心健康。通过面对面交流，为教师提供个性化健康建议，有效缓解了教师的心理焦虑、不安与职业倦怠。此外，还定期邀请心理专家来校开展团体心理辅导，帮助教师释放工作与生活压力，树立积极心态，培养正面认知，以更加饱满的热情和健康的心理状态面对工作中的各种挑战。

为丰富教师业余生活，增强团队凝聚力，学院精心策划了一系列寓教于乐、形式多样的文体活动。从跳绳、乒乓球等体育竞赛到经典诵读等文化活动，再到前往红色教育基地接受爱国主义教育和探寻传统文化足迹，每一次活动都充满了欢声笑语，加深了教师之间的情感交流，让教师们深切感受到了党组织的关怀与集体的温暖。

在陈孝云的悉心关怀与指导下，学院从细微之处入手，不断优化服务，打造了一支高效、贴心的服务育人团队。学院不仅加强了后勤保障力度，还注重提升服务质量，让每位教师都能感受到家一般的温暖与安心。特别是学院建立的绿海托幼机构，有效解决了部分教师的年幼子女入托难题，极大地缓解了他们的家庭压力，使他们能够更加专注于教学工作，实现家庭与事业的和谐共生。

六、成效彰显，收获广泛影响

陈孝云凭借其独到的教育理念，引领并实施了一系列开创性的改革举措，这些举措不仅在教育界激起广泛回响，更为学生的成长构筑了一座稳固的桥梁。从革新人才培养模式、精心优化培养流程、深度推进课程体系变革、坚实强化师资力量，到积极促进校企合作新模式，每一项措施都深刻体现了对学生个性化差异的深切关怀与潜能的深度激发。

构建"三全育人"新生态。学院秉持创新人才培养理念与目标，引领教育迈向新纪元。通过精心构建"十大育人"体系，实施了一系列扎实有效的育人措施，形成了上下联动、内外协同的全方位育人格局，确保教育责任层层传递，育人力量同频共振。

学生综合素养显著提升。经过深入的思想教育与丰富的实践锻炼，学生们展现出了坚定的爱国情怀、深厚的为民情怀、强大的学习动力及丰富的创造力，被誉为"星青年"。校园文化氛围日益和谐，校风、教风、学风显著改善，思政教育深入人心，学生行为更加积极向上。在这里，学生们不仅收获了知识与技能，更找到了自我价值与人生方向，掌握了立足社会的"真功夫"。

人才培养成果丰硕。近年来，学院学子在全国及省级各类竞赛中屡获佳绩，包括全国大学生英语竞赛一等奖、全国应用型人才综合技能大赛一等奖等多项荣誉。同时，学院还培育了众多成功创业者与行业精英，他们成为时代的星青年，赢得了社会的广泛赞誉。毕业生就业率持续保持在98.5%以上，就业质量稳步提升，学院的社会影响力与日俱增。

办学实力显著增强。通过"三全育人"改革，学院探索出了一条符合高职教育规律、契合新时代要求的发展道路，有效解决了办学难题，激发了新的生机与活力。学院积极拓展对外合作，构建了覆盖广泛、资源丰富的合作网络，为人才培养提供了强有力的支撑，显著提升了办学综合实力。

面对新时代经济社会发展的需求与技能型人才短缺的现状，高等职业教育肩负着重大的历史使命。管好学生在校时光，成就学生未来人生——绿海学院将继续站在时代潮头，以高质量发展为目标，不懈探索职业教育改革之路，为建设高水平职业大学贡献力量，再创辉煌未来。

绿海学院成功举办"人才兴皖'就'在江淮"2024年毕业生就业实习双选会

第四章

职教理念
——践行教育的光荣使命

精彩速览

陈孝云投身职教、立足职教事业，是从习武修身，到传习传道，再到回馈社会，一步步走过来的。这个过程，是紧随时代变化和社会进步、适应教育发展与市场需求、不断谋求学校创新发展的过程，也是他不断学习探索、改革实践、砥砺前行的过程。

——题记

自觉践行素质教育与职业教育，并非仅仅是对教育改革潮流的盲目追随或理念上的简单迎合。其根基不在于预设的目标，而是深深植根于朴素的人生体验与社会实践之中。陈孝云以自身经历为镜，深刻体会到优秀的意志品质与个人技能不仅是个人立足社会的基石，更是实现自我价值的必由之路。他坚信，若一个人致力于"道"与"技"的融合，既具备扎实的能力，又怀揣不懈的追求，便能实现个人价值与社会价值的和谐统一。

这一信念在陈孝云心中根深蒂固，成为他行动的指南针。他坚定地走在职业教育与素质教育的道路上，不为外界浮云所惑，不盲目追随潮流，始终保持自己的独立判断与方向。在教育多元化、开放化的今天，他不断思考教育的本质与价值，探索适合自己并能付诸实践的教育理念。

最终，陈孝云将坚定不移地走素质教育之路、矢志不渝地追求职业教育理想，视为自己事业的坚定选择。陈孝云认为，这样的教育才是深深扎根于中国大地，能够满足人民需求的教育；是传承中华优秀教育文化、红色文化与先进文化的桥梁；更是新时代教育发展的正确方向与必由之路。

一、不忘初心，坚守职教兴国信仰

在《守正创新 信念坚定 做新时代职教兴国的追梦人》一文中，陈孝云清晰地阐述了他的职业理想与信念，坚持守正创新，致力于推动职业教育与职教事业的蓬勃发展。

陈孝云怀揣着将职业教育做大、做好、做强的梦想，这不仅是他的教育追求，更是他始终坚守的初心。起初创办武校，既是他个人专长的展现，也是乘着改革开放的东风，把握市场机遇，响应社会需求的举措。在这一过程中，陈孝云深刻体会到，传统师徒相传的教育模式虽有其独特价值，但真才实学才是学生立足社会的根本，这促使他深入思考如何在教育过程中有效培养学生的真才实学。

作为管理者，陈孝云同样面临着"如何办学"及"办成什么样的教育"的深刻命题。从一所单纯的武校逐步发展为高等职业院校，这段历程见证了陈孝云不忘初心、坚持奋斗的足迹，也是他顺应时代潮流、坚持守正创新的生动实践。在这个过程中，他不断学习新知，勇于实践探索，推动学校不断向前发展。

《守正创新立德树人结硕果 铸魂增智精心培育"星青年"》案例入选第三届全国职业院校党委书记论坛党建优秀案例汇编

《守正创新 信念坚定 做新时代职教兴国的追梦人》《用红色基因培育职教星青年》案例入选2021年全国职业院校党委书记论坛暨党建委年会作品集

在经营武术学校期间，陈孝云深感作为一名共产党员的荣耀与责任，时刻以党员的标准严格要求自己，这在非公教育领域中尤为难能可贵。陈孝云确立了服务社会、培育国家栋梁的办学宗旨，致力于通过教学改革与质量提升，赢得家长的信任与支持，为社会输送了一批又一批既文又武的优秀人才。十余年来，学生在国内外各类赛事中屡获佳绩，为国家、省市专业队、部队及体育高校输送了大量优秀毕业生。

同时，学院不忘回馈社会，坚持开展爱心助学、援助邻里等公益活动，努力为党旗增光添彩。安徽合肥恒缘少林文武学校也因此得到了社会各界的认可，被合肥市委市政府授予先进单位称号，并在多次国家和省级比赛及综合评比中荣获佳绩。陈孝云也有幸多次被评为肥西县优秀人大代表以及合肥经济技术开发区优秀共产党员，这是对他工作的肯定，也是激励他继续前行的动力。

在规划学校的发展蓝图时，陈孝云展现出了极强的适应性和创新精神。从最初的小学武术学校起步，逐步拓展至初中、高中及中专阶段，学生规模壮大至三千余人，并荣获了合肥市委市政府颁发的先进集体殊荣。面对民办学校普遍面临的资金、项目支持匮乏的挑战，他带领团队迎难而上，于2005年启动首次转型升级，历经三年艰辛努力，在硬件设施、专业建设、师资队伍及资金投入等多个维度全面升级，成功将民办中专提升至高等专科学校层次，并形成了独具特色的管理模式。

进入"十三五"时期，陈孝云坚定不移地以习近平新时代中国特色社会主义思想为引领，敏锐捕捉职业教育改革与发展的时代脉搏，以实干精神攻坚克难，有效缩小了发展差距，为学院的长远发展奠定了坚实基础。在此期间，学院发展驶入快车道，党建思政与精神文明建设齐头并进，办学活力与治理能力显著提升，人才培养质量迈上新台阶，综合实力显著增强，办学特色日益鲜明，各项事业均取得了显著进步。

他尤为重视党建与思想政治工作，持续强化党建工作，不断完善制度体系，确保党的领导贯穿于办学治校的每一个环节。学院始终将立德树人作为教育的根本任务，将其融入思想道德教育与知识技能传授的全过程，坚持把加强党的政治建设放在首位，深入落实党建重点任务，将党的建设融入学院章程之中，并积极学习践行伟大建党精神，为学院的持续健康发展提供了坚强的政治保证。

通过持续强化管理、深化改革举措、聚焦质量提升，学院的育人能力和教育质量实现了稳步攀升。自 2016 年起，学院师生在各级各类竞赛中斩获奖项近百项，充分展现了学院的教学成果和学生风采。学院尤为注重学生社会实践能力的培养，绿海学子们积极参与并出色完成了北京冬奥会、世界制造业大会、第四届全国体育大会、全国两会、世博会、世界游泳锦标赛、金鸡百花电影节、国际徽商大会等众多重大活动的服务工作，屡获组委会好评，荣获第十一届、第十二届安徽青年志愿者优秀组织奖，人才培养质量赢得了社会的高度认可。

绿海星青年出征北京冬奥会，陈孝云作出征动员讲话

在专业建设方面，学院给予了高度重视，通过不断调整优化专业布局，显著提升了专业建设内涵。围绕新时代青年人才培养模式的创新需求，学院对专业人才培养方案进行了全面修订，构建了以经济贸易类、工商管理类、财务金融类、电子信息类、艺术类为核心，辅以云计算、大数据、物联网、人工智能及高铁客运服务等特色专业的多元化专业体系，共开设专业 52 个。其中，动漫

制作技术专业成功入选国家骨干专业，直播电商等 6 个专业顺利获得"1+X"职业技能等级证书认证。学院还紧扣商务行业发展趋势，围绕产业链、人才链、就业链、创新链，明确了行业特色鲜明的专业建设方向，重点打造了经济贸易、工商管理、信息技术、艺术设计四大专业群。

学院积极响应产教融合、校企合作的号召，主动融入长三角区域经济社会发展大局，广泛邀请行业企业深度参与学院人才培养的各个环节。2016 年，学院携手多所院校，在省教育厅的指导下，牵头成立了安徽省高等职业院校创新创业联盟，成为省内职业院校中的先锋。同时，学院还荣获了教育部"科学工作能力提升计划（百千万工程）"建设资格，与合肥工业大学共建科技部国家重点实验室"复合能源人居环境实验室"，与哈工大机器人集团共创哈工大人工智能与健康学院，并与工业和信息化部信息化软件与集成电路中心、中关村互联网教育创新中心开放实验室等建立了战略合作关系，计划在合肥共建中国芯人才培养学院。此外，学院还与省内外超过 100 家知名企业及高校，如浙江名淘投资控股有限公司、北京华航航空服务有限公司、字节跳动、广州恒企教育科技有限公司、同庆楼集团、中国传媒大学凤凰学院等，展开了深度合作，实现了资源共享、人才共育的良好局面。

陈孝云秉持守正创新的理念，积极致力于建设一所高水平的职业本科院校。这一宏伟规划的核心，在于立足合肥，面向安徽，服务长三角，旨在打造一所具有鲜明地方特色且技能型水平卓越的高等学府。该规划构想了一个集教育教学、人才汇聚、技术创新、创业孵化、文化传承与数字转型等多功能于一体的新型平台，即一个融合产学研创孵及科教文卫旅元素的 4A 级产教融合园区。

在产教融合园区内，云计算、大数据、物联网、人工智能等前沿技术，以及集成电路产业人才培养、5G 技术教育等产业元素将被深度融入大学园区的发展之中。通过这一布局，陈孝云期望将该园区建设成为全国混合所有制合作办学的典范，产教深度融合的标杆，中华优秀传统文化传承与育人的高地，以及思政课创新实践的示范窗口。这一系列举措旨在促进教育链、人才链与产业链、创新链的有机衔接，推动学校与地方经济社会的协同发展。

二、铸魂塑德，践行立德树人宗旨

人生的路途虽宽广，信仰的灯塔却只能有一座。陈孝云深信，信念乃人之根本，他对马克思主义的信仰坚定不移，更将社会主义核心价值观内化于心、外化于行，作为行动的灯塔。

在他的日常生活中，讲信仰、讲党性、讲学习、讲践行如同四根支柱，支撑着他前行的每一步。他以此为荣，乐在其中，言行一致，始终以党员的高标准要求自己，忠实履行党员职责，同时不忘党的教育方针，以党建为引领，推动学校管理的创新与发展。在办学理念上，他尤为注重塑造学生的品德与灵魂，将立德树人作为教育的根本任务，用实际行动诠释了作为非公机构创业者的初心与使命，真正做到了为党育人，为国育才。

（一）深耕信仰之基

自幼习武的他，深受少林文化"匡扶正义，服务人民，为国争光"精神的熏陶。创业之初，他便立下宏愿：为少林争光，为祖国效力，致力于办好教育，培养文武双全、德才兼备的优秀人才。在不断追求进步、主动接受组织考验后，他光荣入党，思想境界实现了质的飞跃，立志成为忠诚的党的教育工作者和教育事业的践行者。

在武校的创办过程中，陈孝云提出了"恒缘教育，恒心爱国"的核心理念，坚持以人为本，坚持以德育教育为核心，以武术教育为特色、以文化教育为根本、以提高素质为宗旨。他不断探索如何将德育与素质教育有效融合，深入思考教育的本质与目的——培养什么样的人以及如何培养。陈孝云坚信，中华优秀传统文化的智慧对现代教育仍具有重要指导意义，倡导"志于道，据于德，

依于仁，游于艺"的全面发展理念，与社会主义教育方针不谋而合，都强调人的全面发展。

（二）锤炼党性之魂

作为共产党员，陈孝云心怀红色信仰与红色追求，不断从历史中汲取力量，将红色教育融入学生成长、课堂教学、社会实践及校园文化建设的每一个环节，让红色基因代代相传，让"为天地立心，为生民立命"的教育责任与使命深入人心。

党的十七大明确提出"坚持育人为本、德育为先"的原则后，陈孝云将这一理念贯穿于教育教学的全过程。他通过组织各种形式的德育活动，如主题班会、志愿服务、社会实践等，让学生在实践中体验、感悟和成长。同时，他也注重将德育与智育、体育、美育等相结合，形成全面发展的教育体系。

党的十八大将"立德树人"确立为教育的根本任务后，陈孝云更是深感责任重大。他深知，这一任务不仅是对教育的要求，更是对党和国家未来的期望。因此，他更加努力地工作，不断创新教育方法和手段，努力培养出更多德才兼备、全面发展的优秀人才。

党的十九大进一步强调了"要落实立德树人根本任务"，这更加坚定了陈孝云的教育信念。他将继续以党的教育方针为指导，以红色教育为灵魂，以立德树人为根本任务，为培养新时代中国特色社会主义事业的建设者和接班人贡献自己的力量。

（三）倡导学习之风

在全国教育大会的重要讲话中，习近平总书记深刻指出，立德树人应当全面融入教育的全过程，这包括思想道德教育、文化知识教育以及社会实践教育等各个环节，并要贯穿基础教育、职业教育、高等教育等各个教育领域。为实现这一目标，学科体系、教学体系、教材体系乃至管理体系都需紧密围绕立德树人这一核心进行构建与优化。教师们应将立德树人作为教学的出发点和落脚点，学生们则应将之作为学习的方向和动力，共同推动教育事业的全面发展。

自党的十八大以来，绿海学院确立了"自强不息、知行合一、合作共享、内圣外王"的核心理念，并明确提出了三大核心的发展目标：致力于成为"党建引领的示范校"、践行"三全育人"理念的标杆校，以及培育"总经理助理"等高端管理人才的摇篮。在人才培养方面，确立了"培养具有坚定理想信念、高尚道德情操、精湛专业技能及全面综合素质"的明确目标。

（四）践行实干之道

在办学方向上，绿海学院始终紧密围绕党的教育方针，将立德树人作为教育工作的根本任务，以服务社会主义现代化建设为总体目标，紧密对接市场需求和就业导向。通过开展多层次、多形式、多类别的职业教育与技术培训，努力实现"无业者有业、有业者精业、专业者创业"的愿景，为经济社会的持续发展提供坚实的人才保障和智力支持。

尤为值得一提的是，绿海学院特别重视"立德"教育的创新与实践，积极探索并构建具有自身鲜明特色的教育模式与举措，旨在通过全方位的德育渗透，培养出更多德才兼备、勇于担当的新时代青年。

陈孝云在办学实践中，始终将铸魂塑德置于重要位置，这既源于他对党的教育方针的坚定遵循，也源自他对"为谁培养人才""培养何种人才"及"如何有效培养"这些问题的深刻洞察与精准把握。陈孝云深知，教育的核心使命在于为国家培育栋梁、为民众提供服务、为社会输送既实用又符合标准的优秀人才。在这一过程中，立德为本是成就个人成长与成才的基石与关键。

关于"立何德"，陈孝云强调，这需要青年学生心怀家国，牢固树立社会主义核心价值观，拥有坚定的理想信念，以及强烈的服务社会的责任感和使命感。为实现这一目标，陈孝云提倡从中华优秀传统文化、红色文化以及社会主义先进文化中汲取丰富的精神养分与不竭动力。

为了有效实施，陈孝云高度重视学校的德育工作，坚持问题导向，针对青年学生中存在的具体问题，设计并实施具有针对性的教育内容与形式。陈孝云坚信，德育教育与文化熏陶应渗透于教育的每一个环节、每一个细节之中，而思想政治教育的功能则应始终贯穿整个教育过程。

正是基于这样的理念与实践，陈孝云和他的团队逐步形成了独具特色的思政教育与德育体系，以及全方位、多层次的育人模式，为培养德智体美劳全面发展的社会主义建设者和接班人贡献了自己的力量。

三、知行合一，推进职业教育改革

为了深化职业教育改革，激发人才培养的创新活力，持续提升教育质量，并科学规划学校的长远发展，陈孝云持续强化学习，勇于探索与实践，逐渐构建起了一套独具特色的办学理念和实施策略。他明确将"自强不息、知行合一、合作共享、内圣外王"作为引领教育实践的核心理念，旨在培养出一批批理想信念坚定、道德情操高尚、专业技能卓越、综合素质全面的优秀人才。

学校举行二级学院集中挂牌仪式

在此基础上，陈孝云提出了"成就一学生、幸福一家庭"的崇高使命，摒弃了单一考试成绩评价学生的传统观念，转而秉持一种更加开放、多元的人才观和教育观，即不拘一格地发掘和培养人才。为实现这一目标，陈孝云创新性地融合了第一课堂与第二课堂，将教授的理论知识与企业家、培训师提供的实践经验紧密结合，同时强化教学与训练的一体化，为学生搭建起理论与实践相互促进的学习平台。

（一）学以致用，知行并进，实现理论与实践的完美融合

陈孝云高度重视产教融合、校企合作、工学结合及知行合一的教育模式，致力于培养能够直接服务于社会、具备高度实践能力和创新精神的应用技能型人才。他积极探索并实践符合学校特色的人才培养路径，努力为学生创造更多乐业、创业的机会，鼓励他们在各自的领域建功立业，实现个人价值与社会贡献的双重提升。

陈孝云坚信"知行合一"的理念，认为理论与实践如同鸟之双翼、车之两轮，缺一不可。未经实践验证的理论缺乏说服力，而缺乏理论指导的实践则可能迷失方向。他倡导在实践中不断汲取新知，勤于总结反思，并将这些思考与收获付诸实践，再经实践检验，如此循环往复，正是"知行合一"精神的生动展现。在学校管理中，他反复强调并激励师生在学习与实践的交融中创造性地开展工作。

谈及学习，陈孝云提出：每位教师及部门领导应将自我定位为杰出的青年引路人，视学习为成长的基石与考核的标尺。须深入探索学习的内容、方法与目的，确保学以致用，通过不懈学习来提升综合素养、拓宽思维边界及工作视野。学习规划应具体翔实，标准设定清晰明确，考核方式则需具有可操作性。让学习成为推动师生成长、学校绿色发展的阶梯，因为学习力的提升，正是个人与集体核心竞争力的根本所在。

论及实践，陈孝云强调：实践是检验真理的试金石。实践即行动，意味着

要勇于担当、勤勉实干、注重实效，力求每件事都做到位、做精彩。职业教育的成功与否，在于其能否适应社会需求并作出贡献。因此，备好每一堂课、开好每一次班会，是教育质量的基础。教师的专业素养、辅导员班主任的亲和力、学院的社会服务能力，共同构成了学院的品牌与价值。团队需通过共同努力来打造，成绩源自不懈努力，安全需时刻警惕，荣誉是长期积累的结晶，品牌则需精心维护。有效的管理离不开明确的目标、公正的考核与奖惩机制。构建强大的导师顾问团队，以及教学、学管、行政、招生、纪检监察、学生自主管理等七支高效队伍，是学院管理工作顺利进行的坚实后盾。

总之，陈孝云鼓励大家在行动中边学边做，围绕实际问题与目标深化学习，以学习与实践的双重能力，筑就实现梦想的坚实基石，这正是"知行合一"深刻内涵的体现。

（二）将理想信念教育置于教育体系的核心位置

在转变教育教学观念的过程中，我们需深刻践行"知行合一"的原则。职业教育远非简单的"技能+就业"模式，亦非单纯追求市场导向与效益导向的功利性教育。这种短视和过度功利的观念亟须改变。即便是非公立教育机构，也应坚定不移地执行党的教育方针，致力于促进学生的全面发展，并切实将"立德树人"作为教育的根本任务。

绿海学院始终坚持将理想信念教育放在首位，强化课程思政，重视学生的品德修养与人格塑造，致力于提升学生的综合素养。学院深入推进"三全育人"工作，通过广泛调研与深入研讨，明确了星青年人才培养的目标、思路及具体举措，构建了一套包括星青年内涵阐释、行动纲领、宣言、人才目标、素质能力标准、专业培养方案、制度体系、导师队伍建设规划及星级人才评价办法在内的完整体系。

为此，学院聚焦"六个下功夫"，即在坚定理想信念上下功夫、在厚植爱国情怀上下功夫、在加强品德修养上下功夫、在增长知识见识上下功夫、在培养奋斗精神上下功夫、在增强综合素质上下功夫，全面构建德智体美劳全面发展的教育体系。同时，成立了星青年人才培育模式研究中心，以统筹指导特色人才培育的体系构建、质量监控及效果评价等工作。

在推进人才培养模式创新的过程中，学院明确强调三大特性：一是时代性，紧密结合高职教育面临的现实问题与使命，为职教改革提供新思路与实践方案；二是创新性，秉持"不以一张试卷定终身、不拘一格降人才"的理念，推行多元育人模式，融合专家教授、企业家、培训师等多方力量，实现第一课堂与第二课堂的有机结合；三是体系性，方向上要高扬理想信念道德，内容上要整合全方位教育资源，方法上要遵循学生成长身心规律，途径上要构建以学生成才为核心的教育活动路径，机制上要强化工作紧密协同，全方位构建以学生成长为核心的教育生态。

为实现全员覆盖，围绕"立德树人"这一核心，以社会主义核心价值观为引领，建立了由学院党委、各党支部、学管部门、教学科研单位、思政宣传部门、教学院系、管理服务职能部门及教职工共同参与的"三全育人"工作体系。同时将加强研究探讨，探索产学研深度融合的新路径，并计划成立"三全育人"创新研究中心，以持续推动育人工作的创新与发展。

陈孝云在2024年中国职业技术教育学会党建委年会上作党建经验交流

（三）深化教育教学内容革新，探索多元化教学方法与手段

在教育教学内容、方法与手段的改革中，要切实贯彻"知行合一"的原则。这意味着必须紧跟时代步伐，深入研究当前教育教学的最新发展动态，确保教学实践能够与时俱进。特别要密切关注新时代背景下青年学生的成长环境与需求变化，深入剖析教育教学过程中存在的实际问题，以问题为导向，推动改革深化。

坚持"以人为本""以生为本"的教育理念，以及"因材施教"的教学原则，确保学生在教学过程中的主体地位得到充分尊重。这意味着学院要密切关注学生在"知行合一"学习过程中的意识觉醒、能力提升、习惯养成及个性特点，积极发挥他们的主体作用，激发他们的学习热情和实践动力。同时尊重学生的个性差异，充分考虑学生的心理特征和职业教育模式的独特性，引导他们积极参与到教学实践中来，通过亲身体验和实际操作，培养良好的道德品质、健全的人格以及不断提升的综合素质和实践能力。

为了实现这一目标，职业教育的教学过程应当具备明确的目标导向、问题导向、参与导向、实践导向和开放导向。不仅要设定清晰的教学目标，还要善于从实际问题出发，引导学生主动思考、积极探索；同时，鼓励学生广泛参与，让他们在实践中学习、在学习中实践；此外还要保持教学的开放性和灵活性，不断吸纳新思想、新技术，为职业教育注入新的活力。

（四）强化教育实效性，优化教学方式，提升教学质量

在提升教育有效性、优化教学方式的过程中，我们需深刻践行"知行合一"的理念。正如古语所云："知是行的明灯，行是知的践行。"教学方法的改良直接关系到"知行合一"教学效果的成败。捷克教育家夸美纽斯的智慧提醒我们：只有受过一种合适的教育之后，人才能成为一个人。因此，教学方法的选择至关重要。

首先，应认识到"知"与"行"相辅相成，互为表里。在选择教学方法时，需兼顾理论知识的传授与实践能力的培养，如结合案例法与合作交流法，或情境教学法与探究法，乃至项目推进法与体验参与法，让学生在学中做，做中学，实现知识的内化与外显。

其次，真知即所以为行，不行不足谓之知。要让"知行合一"真正落地生根，教学必须紧密结合实践，通过"格物致知"的方式，让学生在实践中探索，在探索中领悟。只有这样，知识才能转化为能力，理论才能指导实践。

最后，知行相长，反思为翼。在"知行合一"的实现过程中，持续的反思与反馈是不可或缺的。教师应积极收集学生的学习反馈，了解他们的需求与困惑，从而动态调整教学方法。通过"教—练—评—反思"的循环机制，不断优化教学过程，使"知"与"行"在内在上实现统一，在外在上实现转化。

通过这样的教学方式优化，可以看到"知行合一"教育理念的深入实践。它摒弃了以往单一注重知识灌输、忽视实践与评价的教学模式，转而关注学生的主体性、实践能力和综合素养的全面提升。这种转变不仅让教学更加生动有效，也为学生未来的成长与发展奠定了坚实的基础。

（五）引领教育前沿，持续推动教育事业的蓬勃发展

在推动教育进步的过程中，应积极实施民主管理策略，强化个性化教育，并着重加强教育"沟通"，以此优化"知行合一"的评价体系。正如孔子所倡导的因材施教，关键在于精准识别学生的"材"，这离不开深入细致的"沟通"。教师对学生的了解，不应仅限于分数的高低，而应触及学生的内心世界，这不仅是德育的必然要求，也是教育人性化的体现。

加强教育"沟通"，不应局限于课堂内外的简单问答，而应是一种带有"引导"与"立德"目标的深度交流。教师应主动融入学生之中，将"知行合一"的理念渗透到学生群体的每一个角落，使之成为学生自我成长的一部分。

（六）构建以"知行合一"为核心的教育评价体系

在构建"知行合一"的评价机制时，教师应清晰地界定评价的目的与目标，确保其与现有的学习考核体系相辅相成。评价应充分重视学生的心理成长与实践行动，鼓励学生在主观能动性的驱动下，结合"知行合一"的原则，制定个性化的学习与发展计划。此外，除了传统的学业考核外，还应特别关注师生间的沟通互动，对学生的每一点进步给予及时的鼓励与认可，以此激发他们在实际行动中的积极性与创造力。

通过这样的努力，我们不仅能优化评价方式，更能促进学生全面发展，让"知行合一"的教育理念在实践中生根发芽，开花结果。

（七）全面提升教育质量，打造卓越教育品牌

在提升教育质量的过程中，着重强化学生的社会实践能力，旨在提高社会服务水平。教育的最终目的是让知识更好地服务于实践。在"知行合一"的教育理念下，学院坚持知识与实践并重，通过丰富多样的实践活动，增强学生的情感体验，验证教育效果，确保"知行合一"的实效性。

学院坚持理论教育与实践教育相结合的原则，推动专业课实践教学、社会实践、志愿服务、创新创业教育等环节的深度融合。学院遵循高等职业教育的方针，走"教学、科研、生产"相结合的道路，致力于培养具备"知识、能力、素养"综合素质的人才，即"应知、应会、应有"三者并重。教学过程中，学院构建了"教师、学生、教材"三要素协同运作的机制，确保教学目标的达成，即"教好、学好、教学关系和谐"。

为了提升学生的实际操作能力，学院建立了包括实验、实习、实训在内的综合实践体系。围绕"动手能力、实践能力、可持续发展能力"，全面培养学生的职业能力、社会适应能力和就业竞争力。通过新生入学报到率、职业资格证书通过率、毕业生就业率及就业质量等指标，综合评价人才培养质量。

学院同时积极推行学分制改革，实施"第二课堂成绩单"制度，并出台了《大学生履行社会责任实施办法》。学院还广泛组织各类社会实践活动，如"三下乡"、关爱留守儿童"点亮心灯"行动、学雷锋活动等，以及顶岗实习和创业实践，为学生提供广阔的实践平台。

星青年服务团作为学院的骄傲，多次代表省内专科院校参与全国两会、世博会等重大活动的服务工作，展现了学院学生的风采。学院与中国创业致富促进会、中国中小微企业联盟等机构深度合作，通过创设双创俱乐部、举办企业家进校园活动等方式，提升学生的创新创业意识与能力。

赴世博会志愿服务的绿海星青年整装待发

赛马不相马。学院通过各类比赛激发师生的积极性与创造力，如教学能力赛、示范课赛、班级学风赛等，不仅提升了师生的能力，也推动了学校各项工作的不断进步。这些比赛不仅赛出了水平、风格、特色和精神，更积累了丰硕的成果。

为了构建"三全育人"的体制机制与环境，学院致力于实现全方位、全过程、全员的育人目标。通过加强环境建设和校园文化建设，营造积极向上的教育氛围，让学生在校园的每一个角落都能感受到"知行合一"的熏陶与培养。

学院用心设计校园环境，让优秀传统文化、红色文化等正能量元素融入其中，使之成为学生随时随地的学习空间和第二课堂。这样的环境建设对于"知行合一"教育的落实具有深远的影响，有助于学生更好地理解、接受并认同这一教育理念，从而在成长道路上获得更多的认同感、获得感与成长感。

四、特色兴校，打造人才培养高地

办学之路历来充满挑战，而陈孝云所走的教育之路更是独树一帜，充满艰辛与探索。面对学院的生存与发展，陈孝云深刻认识到，唯有肩负社会责任，具备敏锐的市场洞察力和品牌意识，通过打造独特的教育品牌，构建具有鲜明辨识度的发展模式，方能赢得社会的广泛认可、满意与赞誉，为学院的发展注入不竭的动力。因此，他持续思考、勇于实践，近三十年的办学经历，凝聚成了坚定的办学方向：即以党建为引领，驱动学院事业稳步前行；通过构建星青年人才培养模式，提升人才培养质量；同时，坚持关爱学生、服务社会，走出一条既符合非公机构特色又贴近实际的发展道路。正是这份坚持与努力，确保了绿海学院的持续、健康发展。

星青年人才培养模式的诞生，是学院办学成果的重要展现，也是其独特魅力的体现。自 2017 年《中国教育报》以"民办职校也能培养创业'星青年'"为题报道以来，该模式不仅荣获了 2018 年安徽省教学成果二等奖，更在 2020 年末的全国科学能力建设平台联席会产教融合大会上，为学院赢得了产教融合先进单位的殊荣。陈孝云分享了星青年模式的成功经验，为全国民办高校在新时代背景下，如何化危机为机遇、以变局促新局提供了宝贵的启示。

星青年象征着绿海教育致力于激发青年学子的奋斗精神，紧跟时代步伐；寓意着绿海学子如同星光般璀璨，在追求人生理想的过程中实现自我价值；更寓意着教育应如星火燎原，培养出既团结又独立，充满正能量的新青年。同时，星青年还寄托了对青年学子自强不息、勇于追求梦想的希望，激励他们在平凡中创造不凡，成就自己的诗和远方。

星青年人才培养模式是安徽绿海商务职业学院的创新之作，它开启了高职高专人才培养的新篇章。该模式以培养能够担当民族复兴大任的时代新青年为己任，坚持立德树人，强化技能培养，实施"三全育人"。星青年人才培养模式摒弃了单一的评价标准，倡导"不以一张试卷定终身、不拘一格降人才"，将理论教学与实践训练紧密结合，融合教授、企业家、培训师的多元智慧，依托君子学堂，全方位提升学生的品德、学识、技能与美感，旨在培养出适应社会需求的高素质、高技能、创新型、创业型的复合型人才。

（一）拓展育人路径，铸就特色品牌

学院致力于构建多元化的育人体系，设立了江淮人文大讲堂、道德讲堂、党建文化广场等一系列平台，以及星青年文化广场、六艺堂、双创俱乐部等特色载体，全方位提升学生的综合素质。通过举办校园文化艺术节、双创文化节等丰富多样的活动，不仅活跃了校园文化氛围，还重点推出了星青年"12345"工程，旨在培养学生的五星管理能力，即心态管理、时间管理、学习管理、目标管理和行动管理，这些能力被系统地融入第二课堂，实行学分制管理，有效促进了学生素质的全面提升，形成了一系列具有影响力的第二课堂育人品牌。

（二）坚守思想高地，弘扬主旋律

强化学生理想信念教育，学院持续聚焦思想价值引领，每年精心策划纪念五四运动、"强国之路，青春使命"等系列红色文化教育活动。通过党史宣讲、红歌传唱、深入学习党史，学院不仅丰富了教育内容，还精选了如金寨红军广场等红色教育基地，作为师生学习党史、感悟思想、树立楷模、坚定信念的校外课堂，定期组织实地学习与实践。

学院依据三年六学期的教学规划，系统开展了"爱国、守纪、勤学、感恩、

诚信、笃行、敬业"系列主题教育，每周一的升旗仪式成为强化师生爱国情感的固定仪式，且形式与内容不断创新，增强了仪式的教育意义。特别地，学院组织了千名师生参与《为职教礼赞，立星青年誓言》专题片拍摄，这一活动不仅让师生在红色文化的浸润中坚定了理想信念，还在实践中锤炼了意志品质，加深了对职业教育的价值认同与职业自豪感，激发了"强职有我、强国有我"的责任感和使命感。

（三）传承创新并重，构建绿海文化

学院注重以文化人，将文化育人作为提升教育质量的重要途径。通过构建以工匠文化、徽商文化等为核心的绿海文化体系，学院努力营造积极向上的文化氛围。江淮人文大讲堂作为学院的文化品牌，已成功举办近40期活动，邀请了众多知名学者专家举办讲座，成为合肥城市文化的重要展示窗口。星青年文化广场则融合了多种文化元素，成为党建思政教育和思政课实践教学的特色基地。此外，学院还通过经典诵读、一日一善等活动，将传统文化的传承与创新融入日常教育之中，引导学生修身立德、全面发展。

五、信念情怀，激发创新创业动力

梦想、信念、责任与爱心，构成了陈孝云推动事业发展的核心动力，这些元素深深植根于他的信念与情怀之中。他始终将个人的成长经历与奋斗故事作为指导教育工作的灯塔，坚信只要心怀梦想、信念坚定、勇于担当、心怀仁爱，就能在创新创业的道路上稳健前行，实现可持续发展。

陈孝云时常回味那些在他成长道路上留下深刻印记的人和事，特别是那些激发了他对知识无尽渴望的经历。他深刻体会到"知识就是力量"的真谛，以及"知识改变命运"的宝贵价值。尤其是那次瞻仰韶山毛主席故居的旅程，让他的崇敬之情如泉涌般难以自抑。少年毛泽东的那首壮志凌云之诗，不仅触动

了他年轻的心灵，更成为他前行路上的强大精神支柱。韶山之行，不仅是对历史的回顾，更是对他个人信念与理想的一次深刻洗礼，让他更加坚定了将个人价值融入国家发展大局的决心。

陈孝云深知，梦想是引领未来的灯塔，唯有怀揣梦想，方能照亮前行的道路，激发工作的热情与创造力。他强调，追求梦想需坚守正道，明确立场，对美好事物保持热爱，对不良现象坚决抵制。面对创新创业的艰辛、职业教育改革的重任以及道路上的重重困难，他始终秉持着自己的"确信"，坚定不移地走自己的办学之路，这份坚持与清醒正是源自他对梦想、信念、责任与爱心的执着追求。

谈及为何坚持党建引领，重视立德树人、文化育人，陈孝云表示，这源于他内心深处的信念与情怀。他认为，创办一所高校虽易，但形成独特的价值观教育和人才培养模式却难上加难。为此，绿海学院自 2007 年起便通过党政联席会的形式，深入探讨育人理念与模式。针对当前社会存在的信仰、教育及优秀传统文化传承等方面的缺失，陈孝云表达了深切的忧虑，并呼吁大学应主动承担起培养未来人才的重任，积极作为，而非被动接受现状。绿海学院虽年轻，但在民办教育改革的浪潮中孕育而生，有着坚实的基础和使命，必须勇于担当，为国家和社会培养更多具有高尚品德和创新能力的人才。

在干事创业的征途中，陈孝云深知脚踏实地、勤勉不懈的重要性。他坚信，伟大事业始于细微，难事亦需从易处着手，正如滴水穿石展现坚韧，涓涓细流终能汇成磅礴江海。陈孝云强调，教育事业尤需价值导向、责任担当与文化滋养，这些均源自深厚的情怀与广阔的视野，秉持"本立道生"的原则，方能稳扎稳打，持续进步。

"海纳百川，经世致用"的办学理念是陈孝云长期学习、思考与实践的结晶。他深受儒家优秀传统文化的影响，崇尚自强不息的精神，坚信海纳百川方能生生不息。前者寓意学院应以开放包容之心，汲取全球智慧，融合古今中外的教育精华，广纳贤才，以无私大爱培育未来之星；后者则借鉴儒家入世精神，

倡导将所学知识应用于社会，解决实际问题，秉持家国情怀，知行合一，力求在实践中成长，在学习中贡献。学院名称中的"绿海"正是这一理念的诗意表达，寓意着生机勃勃、包容并蓄的教育生态。同时，"星青年"的提出，寄托了他对每位学子都能成为社会中闪耀星辰的期望。

作为共产党员，陈孝云对红色文化、革命文化及先进文化怀有深厚的情感认同与追求。他认为，信仰与情怀是前进的动力源泉，而广阔的格局则能激发无限的创新活力。学院中见贤思齐的氛围浓厚，现代文化中的英雄崇拜转化为对身边模范的敬仰，激励着师生不忘初心，砥砺前行。

为进一步深化校园文化，陈孝云巧妙地将"孝"与"赢"作为文化建设的切入点，赋予其新的时代内涵。他阐释了"孝"的多重意义，从家庭到企业再到国家，强调孝道是个人品德修养的基石，也是社会和谐发展的重要支撑。而"赢"字则蕴含了成功人生的真谛，包括危机意识、演说能力、时间管理、团队协作及凡人善举等多个方面，鼓励师生坚定信念，自强不息，勇于创新，共同创造辉煌未来。

陈孝云深情地表示："教育，这阳光下最灿烂的事业，正引领我们踏上一段光荣与梦想交织的新征程。作为教师，传道、授业、解惑，是我们肩上最崇高的责任。让我们携手，让这份职业在爱的光辉下更加辉煌。"他矢志不渝地推动理想信念教育，通过建设绿海·大学文化园及社会主义核心价值观教育基地，旨在打造一个弘扬与传播马克思主义智慧的平台，使之成为激发民众潜能、实现梦想的摇篮。陈孝云坚信当马克思主义的智慧与力量深入人心，必将催生出一代又一代杰出的中华儿女、新时代青年及各界精英，因为青年强则国强，青年的担当是国家未来的希望。人民信仰坚定，国家方能充满力量。因此，学院矢志不渝地致力于培养具备坚定理想信念、健全人格、卓越能力、鲜明价值观及强烈社会责任感的青年一代。

陈孝云强调，教师应努力成为"四有好老师"，要担当起学生"四个引路人"的角色：引领他们锤炼品德、探索知识、激发创新思维、指引他们报效国家。在职业风范上，陈孝云提出道德是教育的基石，修养是教育的媒介，境界是教育的起点，而人格则是教育航行的风帆。

教师这份职业，虽平凡却充满挑战，教育则是一项崇高而神圣的使命。教师须以敬畏之心对待教育，勇于担当，致力于通过教育改变学生的命运，让更多的家庭因孩子的成长而幸福，让更多的学子因教育而走向成功。教师还需要不断学习，以敬业精神、严谨治学、满腔热情与远大梦想为学生树立榜样，用活力与激情感染学生，用创新与智慧启迪未来，培养出既有善良品质、感恩之心，又有报国能力的优秀人才。

六、教育出海，拓展职教国际视野

2021年，绿海学院紧跟教育部推进高职院校"双高计划"——即建设高水平大学与高水平专业群的步伐，正式确立了高水平大学的发展目标。为积极响应国家"一带一路"倡议，并深入实施"双高计划"中关于强化国际教育合作与交流的重要任务，绿海学院积极行动，致力于拓宽国际教育合作的领域，提升合作质量。学院踏上了深化国际合作交流的新征途，旨在通过这一系列努力，不仅提升职业教育的国际影响力，还促进职业教育成果的海外输出，为构建更加开放包容的教育环境贡献力量。

（一）战略引领，决策定乾坤——紧跟时代步伐，共绘国家发展宏图

在全球化的今天，中国积极参与全球治理，致力于构建人类命运共同体，同时坚定不移地走中国式现代化道路，努力建设具有中国特色、时代特征、世界影响的社会主义强国。这一时代背景要求教育领域必须紧跟国家发展步伐，培养具有国际视野和跨文化交流能力的高素质人才。

随着2024年中马建交50周年的到来，两国关系进入了一个新的发展阶段。马来西亚第一副总理扎西德的访华以及我国教育部部长怀进鹏的回访，不仅加

深了中马两国政府间的友谊与互信，更为双方在教育领域的深度合作提供了重要契机。这种高层级的政治互动，为绿海学院拓展国际教育合作空间创造了良好的政治环境。

在"一带一路"倡议的引领下，中马两国经济科技互动日益频繁，文化交流也更加深入。这不仅促进了双方经济的共同繁荣，也为两国人民之间的理解和友谊搭建了桥梁。绿海学院作为职业教育领域的佼佼者，有责任也有能力在这一背景下发挥更大作用，推动经济科技的互动发展和文化教育的交流互鉴。

面对新时代的教育需求，我国正加快建设教育强国，特别是将职业教育置于高质量发展的战略位置。实施"双高计划"即建设高水平高职学校和高水平专业群，是职业教育领域的一项重要举措。在这一背景下，绿海学院积极响应国家号召，致力于教育、科技、人才的深度融合与协同发展，为培养更多高素质技术技能人才贡献力量。

入选"2024走向世界中国职业教育方案——共建'一带一路'职业教育合作成果"优秀案例

基于以上背景形势，陈孝云展现出了卓越的战略眼光和深邃的思考能力。

他深刻认识到，在全球化和国家发展战略的大背景下，国际教育合作是提升学院办学水平、增强国际影响力的关键途径。因此，他果断作出了一系列战略决策，包括加强与国际知名教育机构的交流合作、拓展国际教育市场、推动学院国际化进程等，为绿海学院的长远发展奠定了坚实的基础。

（二）拓宽国际合作领域，深化教育交流——从"绿海"到"蓝海"

在职业教育国际化的浪潮中，绿海学院积极履行社会责任，为越南、乍得等发展中国家制定职业教育标准。这一举措不仅体现了学院对国际职业教育发展的贡献，更为这些国家培养了大量符合市场需求的高素质技术技能人才，促进了当地经济的发展和社会进步。通过制定职业教育标准，绿海学院在国际职业教育领域树立了良好的品牌形象，为后续的深度合作奠定了坚实基础。

为了不断深化国际教育合作的广度与深度，绿海学院携手乍得政府，共同缔造了一项里程碑式的合作成果——制定并实施了乍得国家职业标准中的《动画设计师3级职业标准》。这一标准的建立，不仅标志着乍得国家职业教育体系在动画设计领域的专业化迈进，还确保了该领域人才培养有章可循，有效指导了乍得国内职业院校的课程体系构建与人才培育策略，为乍得培养具有国际竞争力的动画设计专业人才奠定了坚实基础。

此外，绿海学院荣幸地跻身于中阿高校"10+10"合作项目的行列之中。该项目作为促进中国与阿拉伯国家高等教育界深度交融的重要桥梁，旨在通过多维度、深层次的交流与合作，共同激发教育、科技、文化等领域的发展活力。绿海学院的入选，是对其卓越办学成果及高度国际化视野的充分肯定，同时也为学院开启了一扇通往阿拉伯世界高等教育合作的新窗口。通过参与该项目，绿海学院将有机会与更多国际知名高校建立联系，共同探索教育国际化的新路径。

在深化与东南亚国家教育合作的过程中，绿海学院与马来西亚英迪大学携手合作，共同建设艺术与科学学院。这一合作项目旨在融合双方的教育资源和

优势，培养具有国际视野和跨文化交流能力的艺术与科学领域人才。通过共建学院，绿海学院不仅拓宽了国际教育合作的渠道，还为学生提供了更多元化的学习和发展机会。同时，这一合作项目也促进了中马两国在教育领域的交流与合作，为两国关系的友好发展注入了新的动力。

　　为了在国际教育市场中占据更加有利的位置，绿海学院作出了重大战略决策——并购马来西亚吉隆坡建设大学❶。这一并购行动不仅标志着绿海学院在国际教育合作领域迈出了坚实的一步，更为学院未来的发展提供了广阔的空间和无限的可能。通过并购吉隆坡建设大学，绿海学院将能够直接参与到马来西亚及至东南亚地区的高等教育体系中，实现资源的优化配置与共享。同时，这一并购行动也将为绿海学院带来更多的国际合作机会和资源，推动学院在国际舞台上展现更加璀璨的光芒。

绿海学院与马来西亚吉隆坡建设大学合作办学项目在"黄山论坛"上成功签约

---

❶ 吉隆坡建设大学（英文校名：Infrastructure University Kuala Lumpur），简称 IUKL 或"建大"，始建于 1981 年，是马来西亚一所高水平、综合性的研究型私立大学，是马来西亚历史上第一所建筑大学。吉隆坡建设大学的前身是马来西亚公共工程部创立的工程研究院，建大在工程技术，建筑和管理学等领域师资力量强大，拥有高质量的学术环境和校园设施，名列马来西亚最佳私立大学之一，是马来西亚优质的学术中心。

（三）承扬陈嘉庚精神，深化中马友谊——共谋友好交流，力求换道超越

在传承与弘扬陈嘉庚先生爱国精神的道路上，绿海学院与陈嘉庚之孙、陈嘉庚基金会会长陈有信结下了不解之缘。学院不仅积极向基金会捐款，以实际行动支持其公益事业，还与马来西亚的英迪大学达成了重要合作。这一合作不仅加深了中马两国教育界的联系，更是对陈嘉庚先生"教育为立国之本"理念的深刻践行，为两国友好交流注入了新的活力。

为了深入探索国际教育合作的新模式，陈孝云先后四次前往马来西亚进行考察与洽谈。每一次访问，都充满了对合作前景的期待与憧憬。陈孝云及其团队不仅与中国驻马来西亚大使馆教育参赞、马来西亚教育部部长等高层领导进行了深入交流，还实地考察了多所当地高校，为学院拓展国际教育合作空间积累了宝贵经验。同时，吉隆坡建设大学的领导也多次来访绿海学院，双方就交流合作事宜进行了深入探讨，为后续的深度合作奠定了坚实的基础。

陈孝云与印度尼西亚东加里曼丹省代省长阿曼·马力、印度尼西亚驻华使馆教育文化参赞李健，就绿海学院与马来西亚合作项目亲切交谈

在"黄山论坛"这一国际性的交流平台上，绿海学院更是大放异彩。学院代表在论坛上发表了精彩演讲，并与来自世界各地的教育专家、学者进行了广泛交流。在国际社会的共同见证下，绿海学院成功签署了多个项目合作协议，这不仅是对学院办学实力的认可，更是对学院国际教育合作成果的肯定。

展望未来，绿海学院对马来西亚吉隆坡建设大学的发展规划充满了信心与期待。学院将充分发挥自身在职业教育领域的优势与特色，结合吉隆坡建设大学的现有资源与条件，共同制定科学合理的发展规划。在人才培养、科学研究、社会服务等方面加强合作与交流，推动两校在国际化进程中实现互利共赢。同时，绿海学院也将以此为契机，进一步拓展国际教育合作空间与渠道，为培养更多具有国际视野和跨文化交流能力的高素质人才贡献力量。

第五章

职教理想

——守正创新的追梦情怀

精彩速览

陈孝云投身职教、立足职教事业，深深植根于自己幼时经历、求学经历、创业经历、从教经历，从身受家庭教育切入，到学习感悟深刻，再到投身职业教育，从一名受过家庭教育、学校教育的学生转变成回馈社会的教育者。

——题记

作为一位非教育专业背景的教育工作者，陈孝云将教育事业经营得纯粹而富有成效，这背后凝聚着他对教育深沉的热爱、不懈的奋斗与勇于探索的精神。他坚信终身学习的重要性，不断自我提升，积极参与各类教育培训，保持知识的更新与视野的拓宽。同时，他还秉持着教育者应有的责任感与使命感，在教育的道路上稳步前行，始终将学生的成长放在首位。

"守正"，对于陈孝云而言，意味着树立坚定不移的理想信念，明确前行的方向与目标，构建科学合理的思想体系与方法论。陈孝云强调，学校应肩负起时代赋予的使命，不畏艰难，持续奋斗，在坚守中寻求创新，于危机中孕育新机，在变化中开辟新局。

随着国家改革开放的深入和经济社会的快速发展，对高素质人才的需求愈发迫切。教育强国战略的提出和全国教育大会的召开，标志着我国教育治理能力和治理水平的现代化进程不断加快，对职业教育和人才培养的标准也随之提升，赋予了职业教育更加独特且重要的历史使命。

习近平新时代中国特色社会主义思想对教育改革、创新及使命赋予了新的内涵和要求，明确了教育改革的方向和任务，倡导争做"四有好老师"和"四有好学生"，对大学思政课改革也提出了具体目标，强调要全面贯彻落实立德树人、三全育人、以技强人、以文化人、为党育人、为国育才的战略方针。

这些重要论述和指示精神，为教育事业的持续发展提供了根本遵循，指明了前进的方向和目标，激励着每一位教育工作者在新时代的征程上不断前行，为职教兴国贡献自己的力量。

"创新"的精髓，在于以"守正"为基石，面对日新月异的教育环境、新兴趋势及挑战，紧密结合自身实际，紧跟教育教学发展的潮流，勇于在学习与实践中改革探索，积极进取，力求有所作为，有所贡献。因此，这既要求我们信念如磐，本固道生，也需秉持求新求变的精神，持续适应，不懈探索。这便是陈孝云秉持的办学核心理念。

绿海学院自建校以来，始终秉持新思想，确立新目标，积极响应并落实各项新要求。学院既怀揣远大理想，仰望星空，又脚踏实地，坚守初心，勇于创新，砥砺前行。学院的师生们紧跟时代步伐，顺势而为，积极把握机遇，以培育能够担当民族复兴大任的新时代青年为己任，勤勉耕耘，致力于为国家培养栋梁之材。

一、守教育强国之正，创新职教兴国理念

陈孝云在《绿海星青年的样子》中描绘了他心目中理想青年的形象——那是融合了中华民族四有新人特质、未来商务精英的智慧与能工巧匠技艺的绿海星青年。而引领这些青年成长的导师，则应是人民教师的典范，他们日复一日地践行好习惯，每日行善、勤学苦练、收获成长并反思总结；他们是智者，也是自强不息的奋斗者，心中充满爱心、责任感与使命感，更不乏个人的尊严与骨气。

回溯陈孝云的教育之路，自 1995 年加入中国共产党那一刻起，他便矢志不渝地追求着教育强国的梦想。他创办的武术学校，不仅传承了少林寺的精髓，更巧妙地将这一古老精神与时代精神相融合。通过持续不断的自我学习与对革命圣地的探访，他的理想信念愈发坚定。从最初的小学武术学校起步，他逐步将这份民办教育事业扩展至初中、高中乃至中专阶段，学生规模一度壮大至三千余人。

2005 年，是学校发展历程中的一个重要转折点，它实现了从民办中专到高等专科学校的华丽转身。随着 2007 年正式招生，陈孝云开始深入思考绿海学院的核心使命——即培养什么样的人才，以及如何以立德树人为根本，用正确的价值观引领学生成长。这一思考不仅体现了他对教育事业的深刻理解，更彰显了他作为教育者的远见卓识与责任担当。

陈孝云始终坚定地认为，大学肩负着培育新时代青年的重大使命。2008 年，他精准定位，将胡锦涛总书记在《致中国青年群英会的信》中所提出的"四个新一代"青年标准，即"理想远大、信念坚定，品德高尚、意志顽强，视野开阔、知识丰富，开拓进取、艰苦创业"，明确作为绿海学院人才培养的总体指导方针。这一举措为学院的人才培育工作指明了清晰方向，也为莘莘学子的成长提供了具体指引。在此坚实的基础之上，陈孝云提出将"强国之路，青春使命"作为学院每年青年节期间爱国主义教育实践活动的核心主题。

2009 年，绿海学院积极响应党中央号召，鼓励学生们将爱国主义精神作为人生灯塔，勤奋学习为阶梯，深入实践为路径，奉献社会为美德。学院学子们纷纷走向基层，深入农村，到理想与信念的源头去，通过科技、知识、文化的"三下乡"活动，学习、实践、奉献，唱响青春之歌。

陈孝云视绿海学院为传播与践行马克思主义的智慧源泉，是激发民众潜能、实现梦想的地方，致力于培养具备坚定理想信念、健全人格、卓越能力、鲜明价值观及强烈社会责任感的星青年。这一称谓，既是对五四"新青年"精神的传承，也寄托了对绿海学子勇于担当、与时俱进的期望。

星青年人才培养模式，是绿海学院的创新之举，为高职高专教育开辟了新路径。该模式遵循"自强不息、知行合一、合作共享、内圣外王"的教育理念，致力于培养能够担当民族复兴大任的时代新青年。通过"12345"工程的实施，绿海学院将第一课堂与第二课堂紧密结合，教授、企业家、培训师协同育人，教学与训练深度融合，依托君子学堂，全方位提升学生的品德、学识、技能与创新能力，旨在培养既专又博、高素质、高技能、创新创业并重的复合型人才。

这一模式不仅体现了鲜明的时代特色与绿海特色，更是对"四个新一代"要求的深入实践与拓展，为新时代高职院校的人才培养树立了新标杆。

星青年人才培养模式下催生出以红色文化为代表的各种文化活动

绿海学院秉持"海纳百川，经世致用"的校训——"海纳百川"意味着学院以开放包容的姿态，融合全球视野与本土智慧，汲取中华优秀传统文化的精髓及高职教育的前沿理念，汇聚各方英才，以广博的知识与无私的爱心培育未来栋梁；"经世致用"则是对儒家积极入世精神的传承，强调以国家兴亡为己任，倡导学以致用，知行合一，致力于培养能够解决实际问题、贡献社会的有用之才。

绿海学院坚持个性化教育，倡导有教无类，全面发展，摒弃单一评价标准，注重学生的多元潜能开发。学院致力于培养既精通专业技能又具备创新创业精神的时代星青年，强调提升政治鉴别、自我学习、实践动手、合作协调及身心承受等五大核心能力和思考能力、组织管理、商务公关、语言文字表达、信息处理等五小能力，同时重塑青年的职业观与道德观，全方位滋养其职业素养，塑造强健的体格、坚韧的心格、智慧的智格与得体的行格，以更好地服务社会，

助力中华民族伟大复兴的中国梦。

这些理念的形成是陈孝云长期学习、思考与实践的结晶，他如同一位不懈的火种传播者，不断从学习中汲取养分，在实践中检验真理，进而重构教育蓝图。

在办学实践中，陈孝云紧密围绕党的教育方针，坚持立德树人，以服务社会主义现代化建设为导向，紧贴市场需求，开展多样化的职业教育与技能培训，助力无业者就业、有业者精进、专业者创业，为经济社会发展提供坚实的人才与智力支持。学院发展战略聚焦于人才培养模式的创新、质量品牌的建设、市场高地的抢占以及"双师型"教师队伍的打造，同时强化社会主义核心价值观的引领作用。

在教师队伍建设上，学院持续优化师资结构，强化专业带头人、骨干教师及思政工作队伍的培养，特别是中青年教师的成长，并注重"双师型"教师的培育与引进。在教学运营上，学院构建"三元一体"的模式，融合知识、能力、素养的培养，促进教师、学生、教材三要素的协同作用，确保教学质量与效果。实践教学方面，学院构建实验、实习、实训的综合体系，全面提升学生的动手实践能力和可持续发展能力。此外，学院还通过多维度指标综合评估人才培养质量，确保师资队伍的多元化与专业化，为培养适应社会需求的高素质人才奠定坚实基础。

绿海学院在经过十多年的稳健发展后，踏上了新的征程，开启了"新长征"的序章。谈及这一阶段的标志性成就，《安徽人文科技职业学院大学园建设方案》（以下简称《方案》）无疑是学院提升办学品质、深化内涵建设的重要里程碑。《方案》深入剖析了当前的建设环境，清晰界定了未来发展的方向：学院坚定不移地以习近平新时代中国特色社会主义思想为指引，致力于培养党和国家需要的人才，努力办好人民满意的高等教育。强化党建引领，深化文化育人，坚持立德树人，注重学生德技双修。同时，学院勇于改革创新，敢于突破传统束缚，通过混合所有制模式筹集资金，构建产学研创孵、科教文卫旅深度融合的大学园区。学院积极促进产教融合、校企合作，设立特色产业学院，致力于打造一个生态优美、人文底蕴深厚、科技实力强劲、融合度高的产教融合型职业大学园。

大学园将立足合肥，面向安徽，服务长三角区域，成为集教育教学、人才汇聚、技术创新、创业孵化、文化传承与数字赋能等多功能于一体的新型平台。学院规划将其打造为4A级"产教融合园"，集产学研创孵、科教文卫旅各要素于一身，不仅融入云计算、大数据、物联网、人工智能及集成电路产业人才培养、5G技术等前沿教育产业，更旨在树立全国混合所有制合作办学、产教深度融合、中华优秀传统文化传承育人以及思政课创新实践的典范。

二、守中国特色之正，创新人才培养模式

陈孝云的职业教育理想深深植根于中国特色与中国气派的土壤之中。他坚信，教育的本质在于教书育人，自我修养与成就他人并重。绿海学院自成立以来，始终坚守立德树人的初心，积极弘扬中华优秀传统文化，在传承与创新中不断探索前行。陈孝云秉持的"厚德载物，自强不息，敦伦尽分，一日一善"理念，正是其教育思考中国特色精髓的体现，旨在培养出适应时代需求的杰出青年——星青年。

星青年人才培养模式在实践中展现出强大的生命力和蓬勃的动力。学院紧密围绕新时代立德树人的根本任务，深入贯彻全国教育大会及高校思想政治工作会议精神，以社会主义核心价值观为灯塔，以理想信念教育为核心，全面开展"三全育人"实践，推动星青年培养模式创新，形成鲜明的人才培养特色，确保"三全育人"工作取得实效。

（一）深情投入，践行使命

在育人实践中倾注深情，学院明确了星青年人才培养的清晰导向。通过广泛而深入的调研与讨论，构建了详尽的星青年人才培养体系，涵盖了对"星"

的深刻诠释、行动指南、宣言、人才目标设定、素质能力标准、个性化培养方案、制度体系、导师队伍建设蓝图及星级评价体系等，内容丰富且体系完备。

为确保体系的有效运行，学员聚焦于"六个下功夫"，即在坚定理想信念上下功夫、在厚植爱国情怀上下功夫、在增长知识见识上下功夫、在培养奋斗精神上下功夫、在增强综合素质上下功夫，以此构建德智体美劳全面发展的教育生态。同时，成立了星青年人才培育模式研究中心，负责特色人才培育体系的内涵深化、质量监控及成效评估，确保各项工作有序进行。

学院特别注重三大特性的融合：时代性，直面高职教育现状与挑战，为职教改革提供新思路；创新性，打破传统评价框架，倡导多元育才理念，实现教学与实践的深度融合；体系性，从方向到内容，从方法到路径，全方位、多层次地促进学生全面发展，并强化各部门间的协同机制。

为实现全员育人、全程育人、全方位育人的目标，学院围绕"立德树人"核心任务，成立了"三全育人"工作领导小组。通过在南开大学、北京大学举办星青年人才模式创新研讨会，汇聚了全国高校及职业教育界的智慧，深入探讨了人才培养的策略与路径，实现了精准施策。

"星青年人才培养模式"南开大学专家研讨会

此外，学院还积极探索产学研结合的新模式，与南京诚明书院、江苏固铻电子、浙江方太集团及国家行政学院开展中华优秀传统文化实践课题组等合作，共同成立了三全育人创新研究中心，旨在通过跨界合作，推动教育创新与发展。

（二）情感熏陶，润物无声

学院积极搭建育人平台，牵头成立了安徽省当代社会主义核心价值体系研究中心、安徽省高等职业院校创新创业联盟及安徽省红色文化研究工作委员会三大省级平台。这些平台为学院的人才培养工作注入了新的活力与内涵。具体而言，研究中心提出的"一中心六结合"理念及创办的《思政云参》，有效推动了社会主义核心价值观的培育及思政课的教学创新。创新创业联盟则通过设定双创教育的具体目标与课程体系，并举办各类赛事，极大地激发了学院的创新创业活力。同时，与国家双创委的合作培训项目，也显著提升了双创师资队伍的素质。

在育人品牌塑造方面，学院创建了江淮人文大讲堂、道德讲堂等一系列文化载体，并定期举办丰富多彩的校园文化活动，如艺术节、文化节等。特别是星青年工程的实施，通过系统化的第二课堂活动，如职业生涯规划演讲、经典诵读、企业舞蹈学习、实践活动参与及五星管理能力培养等，不仅丰富了学生的学习体验，还显著提升了他们的综合素质。

学院还高度重视思想引领工作，不断深化思政课教学改革。学院制定了详细的教学改革方案，并启动教学质量提升年活动，推行小班化教学、增强师生互动、融入实践教学与互联网技术，使思政课更加生动有趣。依托小岗村大包干纪念馆等实践基地，学院创新"行走课堂"模式，结合自媒体传播，让教学场景更加鲜活，理论讲解更具情感共鸣。同时，强化课程思政建设，出台指导意见及实施细则，评选课程思政精品课和示范课，深入挖掘各门课程中的育人元素，编制教育案例集，推动思政教育融入每一堂课。

在弘扬主旋律方面，学院连续多年举办纪念五四运动系列活动，并围绕不同主题开展党史学习教育，通过实践活动加深学生对党的历史和优良传统的认识。此外，学院还设计了系统的主题教育计划，旨在培养学生的家国情怀、人文精神和国际视野。

在文化传承与创新上，学院将文化建设视为育人工作的重要一环，构建了以《学院教育思想与办学理念》为基础，融合多种文化元素（工匠文化、徽商文化、双创文化、星巴文化、君子文化、"十德"文化）的绿海文化体系。江淮人文大讲堂、星青年文化广场等平台，不仅成为文化传播的阵地，还促进了学生综合素质的全面提升。同时，学院还通过君子学堂和六艺堂等项目，引导学生践行君子之道，成为新时代的优秀青年。

做深做实三全育人实践中，学校强化绿海文化建设

（三）匠心独运，成就非凡

"三全育人"理念深入实践，学院通过革新人才培养观念和设定明确目标，引领教育教学步入新发展阶段。学院精心构建了"十大育人"体系，实施了一系列切实有效的育人措施，形成了上下联动、内外协同的全方位育人新格局。

在综合实力提升方面，学院积极拓展外部合作，搭建了一个覆盖广泛、资源丰富的合作网络，汇聚了高端与优质资源，显著增强了办学育人的综合实力。

在提升学生综合素质方面，通过深入的思想教育和丰富的实践活动，培养了他们坚定的爱国情怀、强烈的社会责任感、坚韧的学习毅力和旺盛的创新能力。校园文化氛围更加和谐，学生风貌积极向上，形成了追求理想、勇于进取、恪守孝道、勇于担当、热爱学习的良好风尚。

人才培养成果丰硕，近年来，学院学生在各类国家级、省级竞赛中屡获佳绩，包括全国大学生英语竞赛、应用型人才综合技能大赛等一等奖，以及多项重要赛事的优异名次。同时，学院还培养了大量社会精英，如上市公司创始人、CEO 等，多名学生荣获"创业标兵""岗位技术标兵"等称号，成为新时代的星青年。学院的星青年人才培养模式荣获省级教学成果二等奖，毕业生就业率保持高位，就业质量稳步提升。

此外，学院积极履行社会责任，将理论与实践紧密结合，推动各类实践教学和社会服务活动深入开展。通过实施"第二课堂成绩单"制度，鼓励学生参与社会实践、志愿服务和创新创业。学院"星青年服务团"在重大活动中表现突出，多次获得省级及国家级荣誉。学院与多方合作，创设双创平台，举办各类赛事和活动，有效提升了学生的创新创业意识和能力。学院的社会服务水平不断提升，通过一系列举措，不仅促进了学生的全面发展，也为社会输送了大量高素质人才，赢得了广泛的社会赞誉和良好的社会影响。

三、守育人育才之正，创新培育英才范式

陈孝云深信，"知行合一，追求至善"是教育事业的崇高理想境界。在他看来，高职教育的核心使命在于立德树人，致力于人才的培养。只有真正做到知行合一，坚持不懈地自我提升，才能充分实现个人价值，有效服务于企业，积极贡献于社会。

为党培养可靠接班人，为国家培育优秀人才，这是陈孝云在职业教育领域

树立的最高追求。为了实现这一目标，他坚持不懈地学习新知，勇于实践探索，勤于总结经验，不断提升自我能力。

在探索星青年创新人才培养模式的过程中，陈孝云携手绿海团队，踏上了培养杰出人才的征途。他们共同开启了这段充满挑战与希望的探索之旅，致力于培养出更多具有卓越才能和良好品德的青年才俊。

星青年的培育根植于一个精英荟萃的师资团队，这离不开陈孝云对学院专家与师资队伍建设的持续推动。师资力量直接关系到学校的教学质量和人才竞争力，构建高素质的"双师型"教师团队，是推进职业教育现代化的基石。

坚持党建立校。 陈孝云始终坚持"党建引领教育，教育强化党建"的原则，确保学院各项工作在党的领导下有序进行，充分发挥党支部在教育教学管理中的核心作用。

培养教学名师。 为培养教学领域的佼佼者，学院党委创新实施"党员+教师"融合教育模式，推行"名师党员化，党员名师化"的"双师"培养路径，旨在同步提升党员教师的党性修养与专业能力，激励他们在专业领域内发挥先锋模范作用，带动整个教师队伍的进步与发展。

建构"三关三引领"工作法。 思想上关怀以激发工作热情，专业上关注以确保职业尊严，生活上关爱以营造温馨氛围，让党建工作更加贴近人心，富有温度。

为强化师资力量，激发团队活力，学院采取了一系列举措：首先，严格教师选拔标准，通过公开招聘、专家推荐及综合考核等方式，确保新入职教师的高素质。其次，针对教师的不同发展阶段，定制个性化成长方案，如邀请专家授课、组织教师参加国内外学术交流与培训，拓宽教师视野。再次，以"四有好老师""四个引路人""四个相统一"为师德师风建设导向，提升教师队伍的思想政治与职业道德水平。此外，学院构建了涵盖三级联动教研、跨学科教研及教科研联合在内的多元化平台体系，特别是跨学段大教研与教科研联合平台的建立，有效促进了教学内容的深度融合与科研项目的协同推进，如思政课程与课程思政的一体化建设便是成功案例。最后，学院积极与行业企业合作，建立"双师型"教师联合培养机制，通过引企入校、引校入企等模式，实现教学与实践的紧密结合，为"三教改革"及"1+X"证书制度改革提供有力支持，培养出更多复合型职业教育人才，为学生的全面发展保驾护航。

学院的师资团队堪称精英荟萃，他们不仅理论知识深厚，实践经验丰富，更拥有丰富的人生阅历，专业背景广泛，多数是中国当代杰出的青年创业导师与人生导师，为青年学子的成长之路点亮明灯。这些导师包括来自顶尖高校的教授与博士生导师、海外归来的华人专家、上市企业高管、成功企业家、创业者、知名银行家、风险投资家、资深培训师、政府政策解读专家、杰出律师、医学权威、税务及创业融资政策专家等。星青年导师与培训师的选拔、培训及认证流程由学院董事会周密部署，所有教师均可参与从初级到高级讲师及培训师的系列培训与考核，认证成功后，将有机会在学院内外授课、参与项目开发及业务拓展，并获得相应报酬与分红。同时，他们还将根据工作需要，参与学院组织的各类学习、考察及拓展活动。

星青年的培养自学生踏入校园之始便拉开序幕，且永无止境，这深深契合了陈孝云倡导的终身学习理念。

星青年的塑造，始于清晰而坚定的目标设定。新生入学教育全面而深入，涵盖适应性指导、专业理念教育、爱国爱校情怀培养、文明法治教育、心理健康教育及成才规划等多个方面。特别是通过"绿海启航"系列活动，激发学生的爱国情怀与校园归属感，引导他们学习绿海文化，追求卓越自我，以绿海精神为翼，向着星青年的目标奋力翱翔。学院注重校园文化建设，将社会主义核心价值观、传统文化精髓、企业文化与大学精神紧密结合，营造独具特色、品位高雅的育人环境，以促进学生思想品质、道德情操及职业素养的全面提升。

星青年的锻造，更在于工作品牌的精心打造。学院充分利用德育"第二课堂"的育人功能，将部分第二课堂内容融入第一课堂教学管理，实施"12345"工程，定期评选表彰优秀学生。同时，汇聚学院精英学子，由星青年导师团进

行系统培训，着重提升其领导力、行动力、管理与执行力、新技术应用能力、营销力及自我管理能力等综合能力，使之成为星青年人才培养模式的生动实践者与积极传播者，为社会输送一批批德才兼备的商务精英。

星青年的锻造，关键在于科学规划成才路径。绿海学院严格规范课程设计，明确教学内容与方法，依据"课程思政"理念修订大纲，深入挖掘各门课程中的思政教育元素，确保立德树人理念贯穿教学全过程。同时，精选优秀传统文化与社会主义核心价值观作为必修课程，覆盖所有专业班级。为确保教学质量，学院设立了专家督导组，进行不定期听课与反馈，并举办说课竞赛，表彰优秀课程与教师，以此激励教师不断提升教学水平。学院始终秉持以学生为本的原则，融合课内课外两大教育体系，整合课程、师资、实践基地及教学平台等多方资源，致力于学生综合素质的全面提升，特别是激发学生的创新创业精神，培养其成为具备"职业人"素养的优秀人才。

通过实施"12345"工程，星青年们在实践中逐步成长，他们不仅练就了撰写演讲稿的精湛技艺，还深入研读了中华传统文化经典，彰显出非凡的自信与独特风采。更重要的是他们能够成功地将理论知识应用于社会实践，并进一步转化为出色的职业能力，最终成长为自律的管理者与卓越的团队领导者。

星青年培养模式作为一种全方位、多层次的教育模式，已助力众多学子实现个人价值，为企业输送了大量技术与管理人才，充分践行了大学的教育使命。星青年人才培养模式依托"人文教化、美德净化、技能强化"的三维驱动，持续培育出适应时代需求的杰出青年。这些青年又反过来丰富了模式的内涵，增强了其生命力与影响力，为职业院校人才培养模式的创新提供了宝贵经验与启示。

学院始终秉持"立德树人、强基固本"的核心理念，遵循星青年发展战略的"一体两翼"框架与"一二三四"功能布局，通过"六个结合"的策略——即与理想信念教育、中华优秀传统文化弘扬、中国革命史学习、思想政治理论课教学、师德师风建设以及大学生成长成才紧密融合，系统而全面地推动社会主义核心价值观的培育与践行。学院积极构建社会主义核心价值观教育基地，汇聚起全方位、多层次的培育力量，形成了长效且有力的推进机制。尤为重要的是，学院将中华优秀传统文化的精髓融入教育教学的每一个环节，旨在全方位提升师生的思想道德境界与人文素养，着力培育德才兼备的新时代星青年。在此过程中，学院既注重精神文化的深耕，也不忘物质文化的建设，双管齐下，形成了一套行之有效的育人组合策略。

星青年文化研究院（以下简称"研究院"）的成立，标志着星青年工程的进一步深化与拓展。研究院聚焦于星青年人才培养模式的构建与优化，致力于形成一套可复制、易推广的先进经验。通过强化价值引领与文化培育，促进理论教学与实践活动的深度融合，研究院指导策划了一系列高质量的活动项目与文化品牌，显著提升了育人效果与社会影响力。同时，研究院还积极推动各类基地、平台、载体与阵地的建设，为星青年人才的培养提供了坚实的支撑体系。在拓展培训项目、承担课题研究、课程开发与项目策划等方面，研究院同样发挥着重要作用。此外，研究院还致力于打造一支高素质的师资队伍，通过严格的选拔、培训与认证流程，确保每位教师都能参与到研究院的讲师与培训师体系中来。同时，他们还将根据工作需要，参与研究院组织的各类学习、考察与拓展活动。

这一系列举措，正是陈孝云"自强不息、知行合一、合作共享、内圣外王"教育理念在"培养理想信念坚定、道德情操高尚、专业技能精湛、综合素质全面"人才培养目标上的生动实践，不仅成就了学生个人，更为其家庭带来了幸福，彰显了学院的社会责任感与使命感。

四、守优秀文化之正，创新传统教育形式

通常而言，教育从业者的职业追求往往与其早期受教育的经历紧密相连，不仅与初始启蒙相关，也与后续的系统学习及持续教育密不可分。这一观点，

恰好与陈孝云的职业教育理念不谋而合。

陈孝云的早年生活充满艰辛，童年时期最深的记忆便是忍饥挨饿，初中未毕业便不得不辍学谋生。然而，一部《少林寺》的电影却意外地扭转了他的人生方向，促使他前往少林寺习武，并在那里接受了中国传统文化的熏陶。从此，陈孝云便将传承与创新中国传统优秀文化视为己任。在创办武术学校及投身职业教育的道路上，陈孝云的足迹遍布全国，他始终紧跟中华优秀传统文化的发展步伐，不断探索与实践。

学院致力于营造一个浓厚的优秀文化育人氛围，将社会主义核心价值观与创新创业教育深度融入教育教学全过程，旨在培养学生"自强不息、知行合一、合作共享、内圣外王"的精神风貌。校园内，老子、孔子、孟子的讲学场景雕塑，以及商圣范蠡的塑像，无不彰显着对文化育人的深刻思考。特别设置的"孝"文化石，不仅体现了学院"百善孝为先"的办学宗旨，更弘扬了中华民族的传统美德，为学生品德修养的提升奠定了坚实基础，致力于为社会输送品学兼优的高素质人才。

礼乐堂作为音乐教育的载体，致力于普及音乐教育，提升个人素养，让音乐融入大众生活。书艺堂则深耕六艺文化，倡导"意存笔先，画尽意在"的艺术追求，积极传承和弘扬中华优秀传统文化。校园内，忠义、仁爱、孝悌、合文化、六艺及红色文化等有序布局，构成了一个中国传统文化的宝库。漫步其间，仿佛置身于文化的海洋，让人深刻感到儒家文化的博大精深与仁爱之心的温暖。孔子、孟子的雕像不仅是历史的见证，更是对师生心灵的洗礼，提醒我们要以仁爱待人，做到"己所不欲，勿施于人"。

在校园文化建设中，学院强调内圣外王的儒家思想，旨在帮助学生克服冷漠与浮躁，重建人文价值与理想，全面提升道德修养与综合素质。同时，孝悌文化的弘扬，促进了师生间的亲情与友爱，培养了广泛的爱心观念。忠义文化的传播，则强化了师生的责任感与利他精神，激励大家团结一心，共同为实现绿海梦而奋斗。

六艺堂更是将教学与实践紧密结合，让学生在体验中学习书法、茶道、礼乐等传统文化，实现全面发展。红色文化园则通过讲述党的历史、革命先烈的事迹，激发师生的爱国情怀，树立"国而后家，公而后私"的崇高理念。

总之，这所充满中国传统文化气息的校园，以其独特的文化氛围，潜移默化地影响着每一位师生，如同春风化雨，润物无声，共同推动着学院向更高更远的目标迈进。

学院积极构建优秀文化育人的坚实平台，将中华传统优秀文化自然融入星青年育人体系中。这一体系灵感源自20世纪初的《新青年》，旨在培育新时代的青年才俊。星青年文化广场，集雕塑文化园、空吧文化广场、文化长廊于一体，成为校园文化、思想教育、班级活动及休闲娱乐的综合性地标，其中"星"象征着荣耀、责任、担当与利他精神。

为此，学院特设星青年文化研究院，专注于中华文化、星青年文化及科创文化的传承与创新，通过理论与实践的深度结合，致力于打造新时代人才培养的高地，塑造具有绿海特色的"星"青年，助力每位学子实现幸福人生。实践证明，从学院走出去的青年学生因能力出众，如星辰般璀璨，无论是团结协作还是独立发展，都深受企事业单位青睐。这得益于学院实施的"三结合，多统一"教育理念，即课堂与市场、教学与训练、教授与业界专家紧密结合，以及课堂教学、实验实训、志愿服务等多方面的有机融合。这一模式荣获安徽省教学成果二等奖，毕业生广受好评。

陈孝云坚信高水平职业大学的建设，不仅要有宏伟的建筑，更需汇聚卓越的师资，所以绿海学院在拓展优秀文化育人领域的道路上不懈努力。《安徽人文科技职业学院大学园建设方案》紧跟国家政策导向，为绿海学院的未来发展勾画了蓝图。习近平总书记对现代职业教育的指示精神、国家职业教育相关法律法规及安徽省"十四五"规划，都为推动学院稳步转型升级提供了依据。

此外，《安徽人文科技职业学院大学园建设方案》还规划了文化广场、主题建筑、文化公园及文化长廊等创意项目，将中华优秀传统文化、革命文化及

社会主义先进文化等主流价值融入校园建设，形成了独特的校园文化氛围。学院与北京大学国学院的合作更是亮点，通过江淮国学大讲堂、国学专题讲座及文化论坛等形式，依托书院平台，大力弘扬国学文化，展现文化自信，为培养具有深厚文化底蕴的时代青年贡献力量。

香港孔教学院副院长、南京诚明书院院长徐洪磊为千余名师生作"一生报答"主题报告

全面展示优秀文化育人成效。学院聚焦于星青年人才培养，以《中国新时代青年成长白皮书》为指引，依托荣获省级教学成果奖的星青年人才培养模式，致力于培育一专多能、素质全面的创新型、创业型青年才俊，鼓励他们积极投身创新创业、乡村振兴及技能兴市等战略，通过参与全国两会、制造业与显示业大会等国家及省级重要活动的志愿服务，展现星青年在人才强省建设中的独特风采。

学院秉持"以文塑心、以文育行、以文造境"的理念，构建了一套以学院教育思想与办学理念为基础，以"三大文化"为主脉，以徽商文化、科技文化、工匠文化、双创文化、君子文化等为主要内涵，以星青年文化为特色，共同构筑起绿海文化的高楼大厦。江淮人文大讲堂已成功举办近四十期，吸引了包括著名经济学家厉以宁教授在内的众多学者专家前来分享，成为了合肥文化领域的一张闪亮名片。

星青年文化广场融合了多元文化元素，成为党建思政教育与思政课实践教学的重要阵地。学院将传统文化的传承与创新融入日常教学与实践活动，如经典诵读、一日一善、与圣贤同行等，让学生在体验中感悟传统文化的精髓。君子学堂与六艺堂从品德、美学、行为、技能及能力五个层面，全方位引导学生追求君子之道，实现"内圣外王"的理想人格，塑造新时代君子的典范。

学院坚持文化育人，开发校本国学教材，深化传统文化的传承与弘扬。在全球文化多元交融的背景下，学院更加重视传统文化的教育，增强学生的文化自信。通过校本教材与课程体系的深度融合，使学生在学习、体验与积累中，深刻理解中华民族的文化精髓，坚定中国特色社会主义道路信念，为实现中华民族伟大复兴的中国梦贡献力量，同时培养深厚的民族情感与归属感。

课堂教学作为传播中华优秀传统文化的主阵地，学院不断完善高职人才培养方案，将传统文化课程化，纳入必修与选修体系。通过开设传统文化系列课程，开设传统文化系列选修课程，如传统文化与社会主义核心价值观讲座、中国传统文化漫谈以及中国传统文化讲座等，将陈孝云主持编写的《儒家经典选读》作为校本教材，开设中国传统文化与社会主义核心价值观、中华传统文化讲座相关选修课，同时将《大学》《孝经》《弟子规》等作为选修课，有效提升了学生对传统文化的认知与认同。同时，传统文化与思政教育的有机融合，不仅丰富了思政课堂的内容，也增强了思政教育的吸引力和实效性。

值得注意的是，传统文化经典的学习与诵读活动，作为礼敬中华优秀传统文化系列活动之一，已成为绿海学院全体教职员工的常规项目，其影响力日益

增强。例如，学院积极选派思政部及国学社的指导老师前往南京诚明书院接受专业培训，并在此建立了安徽绿海商务职业学院中华优秀传统文化教育基地，旨在进一步拓展教育资源。未来，学院将充分利用这一基地，结合诚明书院的专家智慧，深化校园文化内涵，推动教育教学改革，实现以文化人、立德树人的教育目标。

五、守红色基因之正，创新滋养时代先锋

陈孝云作为改革开放时代的见证者与参与者，内心深处始终镌刻着红色的印记。在他看来，学习党的理论、贯彻国家政策、培育新时代的接班人，是自然而然、紧密相连的责任与使命。在这条成长与发展的道路上，红色教育如同灯塔，照亮了他的前行之路。

陈孝云踏上了红色文化的学习之旅，师从江英教授，深入系统地学习了《领导学》《管理学》以及《毛泽东与国学》《毛泽东的统帅之道》等经典课程，尤其对《毛泽东思想及企业管理中的应用》情有独钟。通过学习，他深刻领悟到了毛泽东思想中蕴含的科学管理智慧，将红色文化的学习融入心田，真正做到用心去学、用情去悟、用力去行。他坚信，历史是最好的教科书，中国革命史则是滋养心灵的最佳营养剂。

为了更直观地感受红色文化的魅力，陈孝云积极投身于红色文化的见证之旅。红色电影、历史书籍、连环画等成了他了解革命历史的窗口，让他对革命英雄产生了由衷的敬仰。此外，他还远赴全国各地的红色文化基地，如上海中共一大会址、南湖革命纪念馆、井冈山、韶山毛泽东故居、延安革命圣地等，这些经历让他更加深刻地理解了红色基因的传承与意义。

在红色文化的践行方面，陈孝云于 1995 年光荣地加入了中国共产党，这是他对红色文化深刻认同与践行的最好证明。他将自己对红色文化的理解、感悟转化为实际行动，致力于传承和弘扬红色基因。他认为，激活红色基因，就

是要让党的光荣传统和优良作风在新时代继续发扬光大；而传承红色基因，则必须加强传统教育，使之成为当代青年的精神支柱。他强调，青年只有将个人梦想融入国家发展大局，方能成就一番事业。为此，他倡导充分利用红色资源，讲述红色故事，通过生动的案例和感人的事迹，在思政课堂上深入讲解党的光辉历程，激发青年学生的爱党爱国之情。同时，他还希望青年学生能够从中汲取老一辈革命家的坚定信仰、高尚品格和奋进精神，用红色文化滋养心灵，激励自己在新时代的征程上踔厉奋发。

绿海学院党委组织开展"弘扬井冈山精神、传承红色文化党建"活动

这一教育理想在陈孝云的实践中得到了充分体现，无论是红色文化广场的建设、红色文化讲堂的开设，还是社会文化实践活动的组织，都处处洋溢着他对红色文化的热爱与传承之情。

"党建引领示范校"作为学院核心发展目标之一，学院积极构建了党建文化广场与展馆，并举办了红色文化报告会及革命英雄事迹网络展播，旨在深化教育内涵。同时，依托金寨红军广场、渡江战役纪念馆等红色地标，开展了一系列实践教育活动，将红色文化、革命传统与爱国主义教育紧密结合。通过红色经典传承、红歌合唱、"星青年说"演讲赛等活动，从教育宣传、基地拓展到

感悟践行等多角度，全方位地传承与弘扬红色文化。这些举措不仅有利于学院的事业发展及校园文化建设，更深刻塑造了师生们坚定的信念与爱国情怀，展现了艰苦奋斗与无私奉献的精神风貌。

学院在创新创业道路上，始终遵循毛泽东思想的精髓——实事求是、群众路线和独立自主，并以此为指导原则。

星青年们被寄予厚望，要发扬延安精神，传承红色文化，同时积极学习社会主义先进文化，培养大国工匠精神。在社会主义先进文化板块，选取了邓小平、袁隆平、钟南山等时代先锋作为典范人物，他们以其非凡的贡献照亮了国家建设与发展的道路，是当代社会名副其实的璀璨明星。通过这些杰出人物的事迹，学院旨在激励青年学子深入学习先锋模范的精神风貌，深切体会榜样力量所带来的深远影响。期望青年学生能从这些真实而伟大的生命中汲取灵感，明确自己的人生航向，树立崇高理想。

在中国红色文化研究会安徽省工作委员会及安徽当代社会主义核心价值体系研究中心成立与揭牌仪式上，陈孝云深情致辞，他强调了安徽深厚的革命历史底蕴及其在中国革命中的重要地位。陈孝云指出，安徽省工作委员会的成立，标志着中国红色文化在安徽的扎根与繁荣，是推动地方红色文化传承与创新的历史性举措。该委员会致力于深度挖掘、系统整理、科学研究并广泛传播中国共产党在革命、建设、改革历程中，创造性运用马克思主义所取得的辉煌成就，并积极探索其在当代青年创业、企业发展及社会教育中的实际应用，转化为推动社会进步的正能量。

作为学院文化建设的重中之重，党建文化被精心打造并融入校园每个角落。党建文化广场的建成，成了绿海学院一道独特的风景线。步入学院，沿着中轴线自西向东漫步，一场关于红岩精神的视觉盛宴缓缓展开。广场内，宣传栏、初心廊道、廊架及各类主题雕塑错落有致，共同讲述着党的光辉历程与伟大成就。这些艺术作品不仅记录了党的奋斗史，还蕴含着丰富的历史文化价值和社会教育意义，激励着每一位师生。

陈孝云带领教职工重温入党誓词

党建文化广场日益成为职业院校中的热门打卡地，它不仅彰显了绿海学院坚持社会主义办学方向、紧跟党的步伐的政治自觉，也体现了学院立足传统、面向未来、扎根本土、放眼世界的办学视野。通过党建广场、展馆与思政课堂的有机结合，学院构建了一个全方位的党建教育平台，激发了党建工作的活力，促进了校园文化建设与教育教学、人才培养的深度融合，为提升教育质量、建设和谐校园、满足人民对优质教育的期待作出了积极贡献。

在星青年人才培养上，陈孝云构建了系统的红色文化教育体系。通过常态化的红色活动、深入的红色宣讲、丰富的红色教育基地以及全程化的红色教育课程，学院有效培养了学生的家国情怀、人文素养与国际视野，激励着他们爱党爱国、追求理想、勤奋学习、艰苦奋斗、诚实守信、心怀感恩，成为新时代的栋梁之材。

第六章

情怀绵延

——希望之光的永续

精彩速览

在知识的海洋中，每一颗渴望成长的心灵都不应被贫困的浪涛所淹没。陈孝云以爱与智慧为舟，以坚持与奉献为帆，助力贫困学生驶向梦想的彼岸，为他们点亮一盏希望之灯，照亮他们前行的道路。

——题记

在知识的殿堂中，有一位无私奉献的灵魂，在教育的广阔天地里，有这样一位教育者，他以卓越的教育理念和坚定的信念，不仅引领着学校的航向，更用无私的爱与行动，为贫困学子点亮了希望的灯塔。陈孝云作为教育公平的践行者与社会责任的担当者，将学生的梦想视若珍宝，用实际行动书写着支持学生成长成才的佳话。

一、以慈爱之心，温暖贫困学子的前行之路

在高等教育领域，资助学生的重要性不言而喻。它不仅关乎经济困难学生能否顺利踏入校园并完成学业，更是促进教育公平、提升教育质量、缓解学生压力、激发潜能的关键一环。通过奖学金、助学金、贷款等多种形式，学生资助政策打破了经济条件的束缚，让更多来自不同背景的学生得以平等地享受教育资源，进而促进社会的整体进步与和谐。

陈孝云深刻理解资助学生的深远意义，他推动并不断完善学校的资助体系，确保每一份爱心都能精准送达需要的学生手中。即便在困难时期，学校也坚持每年投入数百万元资金，用于资助家庭经济困难的学生，用实际行动诠释了"用爱做教育"的深刻内涵。

在绿海学院这片充满希望的土地上，学生们汇聚一堂，他们来自五湖四海，怀揣着各自的梦想与追求。然而，生活的现实往往给这些年轻的心灵设下了重

重障碍。有的学子因家庭经济拮据，徘徊在辍学的边缘；有的则怀抱创业的热情，却因资金短缺难以启航。正是在这样的情境下，一位兼具远见与同情心的教育引领者——陈孝云，以实际行动诠释了教育者的崇高使命与责任感，他不仅是学生们心中的守护者，更是引领社会正向发展的明灯。

（一）以真挚行动，温暖贫困学子的求学之路

时间回溯到 2010 年的初秋，开学季的校园里洋溢着新生的气息。朱红艳，这位来自安徽六安、身世坎坷的孤女，手中紧握着暑期辛勤劳作换来的三百元钱，羞涩地站在新生报到处的一隅，显得格外无助。陈孝云的目光敏锐地捕捉到了她的不安与迷茫，主动上前交谈。在交谈中，朱红艳讲述了自己的不幸遭遇：父亲早逝，母亲远嫁他乡，她只能与年幼的妹妹相依为命，依靠姨母的勉强支持完成了高中学业。然而，随着自己成年，姨母也因家庭负担沉重无法再资助她上大学。面对困境，朱红艳没有放弃，她深知唯有通过努力学习才能改变命运，承担起照顾妹妹的责任。因此，高考一结束，她便踏上了打工之路，试图筹集学费和生活费。然而，对于一个刚成年的高中生而言，暑期的收入显然是杯水车薪。

得知朱红艳的困境后，陈孝云迅速行动起来。他立即召集学校资助部门和学管工作人员召开紧急会议，商讨解决方案。秉持着不让任何一位学生因经济困难而失学的坚定信念，他果断决策，为朱红艳减免了三年的学费，还帮助她申请了助学贷款，提供了勤工俭学的机会。这一系列举措如同一股温暖的春风，吹散了朱红艳心中的阴霾，为她筑起了一道坚实的后盾。在学院的关爱与支持下，朱红艳不仅顺利完成了学业，还以优异的成绩和丰富的实践经验步入了社会，开启了自己光辉灿烂的人生旅程。

朱红艳的故事，是陈孝云无私奉献精神的生动写照。他用自己的行动证明，教育者不仅是知识的传递者，更是学生心灵的守护者和社会进步的推动者。在他的带领下，绿海学院正朝着更加公平、更加优质的教育目标稳步前行。

　　王小灿，一位来自安徽淮北乡村的少年，与陈孝云的缘分始于一个不经意的冬日午后。2008年寒假前夕，当大多数学生已踏上归途，王小灿却选择留在空荡荡的教室里，埋头苦读。这一幕，恰好被路过的陈孝云撞见。一番交谈后，他得知了这个孩子背后的不易——家境贫寒，却对知识抱有无比的热忱与向往。陈孝云以自身不懈奋斗、逆境求生的故事激励王小灿，不仅为他点亮了学习与职业发展的明灯，更在生活上给予了他温暖的关怀与支持。

　　陈孝云敏锐地察觉到了王小灿潜藏的学习天赋与潜力，于是积极为他争取学校的资助名额，并亲自为他铺设了职业培训的坦途。在学校的慷慨解囊与陈孝云的悉心指导下，王小灿得以无后顾之忧地继续深造，最终以优异的成绩获得年度国家奖学金。这不仅是对王小灿个人努力的认可，更是对学院无私帮助与深切关怀贫困学生的生动注脚。

　　毕业后，王小灿带着扎实的专业技能与强烈的社会责任感，毅然踏上了创业之旅。创业初期，困难重重，但绿海学院始终是他最坚实的后盾，不仅提供了宝贵的创业资金，陈孝云还为他引荐了丰富的社会资源。凭借着不屈不挠的毅力和敢于创新的勇气，王小灿逐渐在市场上站稳了脚跟，公司规模日益壮大。

　　小有成就的王小灿，始终铭记着陈孝云和学校的帮助。他选择在学院设立奖学金，旨在帮助更多像他一样出身贫寒、心怀梦想的学子实现求学梦，将这份无私奉献的精神传递下去，用实际行动回馈社会，让爱与希望的光芒照亮更多人的前行之路。

　　从故事中，我们深刻感受到了教育的光明与力量。那些曾身处贫困、挣扎求学的孩子们，如今已成长为国家的中流砥柱，他们运用所学回馈社会，为国家的繁荣进步添砖加瓦。他们的成功，不仅是对陈孝云无私奉献的最好回应，更是对教育公平与社会责任深刻内涵的生动诠释。绿海学院的资助行动，不仅实打实地解决了学生的燃眉之急，更在校园内营造了一种鼓励进取、勇于探索的良好氛围，彰显了教育激发潜能、培育未来领袖的深远意义。这种大爱如同灯塔，为学生们照亮了通往梦想的道路，让他们的追梦之旅不再孤单。

（二）教育：影响深远，价值独特

身处这个机遇与挑战并存的时代，教育被普遍视为改写命运的关键钥匙。无数学子怀揣梦想，家庭也满怀期望，希望通过教育为孩子的未来铺就一条通向职场的道路。然而，对于众多来自贫困家庭的孩子而言，高昂的学费与生活费用如同横亘在梦想之路上的重重障碍，加之就业与创业路上的迷茫与恐惧，更是让他们的追梦之旅倍加艰辛。陈孝云深知，唯有助力学生特别是经济困难学生顺利就业，方能真正实现"成就一学生，幸福一家庭"的教育愿景，从根本上助力脱贫。因此，他不仅关注学生的学业成长，更着眼于他们的未来发展，以爱与智慧为学生铺设了一条通往梦想的坚实桥梁。

陈孝云对怀揣创业梦想的学生给予了特别关注。他深知创业不仅是个人价值的实现途径，也是缓解就业压力、推动社会经济发展的重要力量。为此，他不仅慷慨解囊提供创业启动资金，更亲自上阵担任创业导师，从市场分析到财务管理，全方位给予学生指导与帮助，助力他们将创意转化为成功的商业实践。在他的悉心培育下，多个学生创业项目已初露锋芒，有的甚至吸引了外部投资，展现出了蓬勃的发展潜力。在陈孝云的带领下，绿海学院的校园里洋溢着希望与活力，正激励着每一位学子勇敢追梦，不断前行。

独木不成林，万木才成春。陈孝云设立了一项专项基金，专门用于扶持在学术探索、技术精进及职业技能领域展现出卓越才华的学生。这笔资金如同一场及时雨，不仅缓解了学生们的经济压力，更点燃了他们心中对知识的渴望与创新的火花。受助学子们不负众望，学业成绩突飞猛进，更在各类竞赛中大放异彩，为学校赢得了宝贵荣誉。这一系列举措，不仅是陈孝云对教育公平理念的坚定践行，也使其深信每个孩子都蕴藏着无限潜能，只要给予恰当的舞台与机遇，便能绽放出独特的光芒。绿海学院无疑为构建一个更加公正、开放的社会环境贡献了重要力量，让教育真正成为推动社会和谐与进步的强大引擎。

在陈孝云看来，教育远不止于知识的传递，更是一场面向未来的深远投资——它投资于每一个孩子的梦想与未来，也投资于社会的持续繁荣与发展。基于此，陈孝云积极策划并执行了一系列资助项目，旨在为那些因经济原因可能失去学习机会的学生提供坚实的后盾，确保他们能够平等地享有优质教育资源。教育需要教育者具备乐教爱生、无私奉献的仁爱之心。陈孝云正是这样一位爱的传播者，他以实际行动践行着这一崇高理念，用满腔的热情与无私的奉献，为学生们的成长撑起了一片蓝天。

广大教师当以此为镜，深刻理解教育家精神的内涵与价值，将敬业乐教、关爱学生的职业精神内化于心、外化于行。我们应当甘为人梯，乐于奉献，用大爱书写教育生涯的华章，致力于培养德智体美劳全面发展的新时代人才，为中华民族的伟大复兴贡献我们的智慧与力量。

二、以真爱之情，唤醒沉睡学生的心灵之光

在职业教育的浩瀚星空中，每位学子都是独一无二、潜力无限的星辰，但并非每颗星辰都能自然闪耀。有些学生因心理的重负而黯淡，隐匿于内心的幽暗角落，默默承受着孤独与挣扎。面对此景，教育者的角色超越了知识的传授，更在于以心换心，用温暖的光芒唤醒那些沉睡的灵魂，点亮他们心中的希望之火。

安徽绿海商务职业学院，每个角落都洋溢着青春的活力，每位教师都肩负着塑造未来、点亮梦想的使命。作为学院的奠基者与星青年文化研究院的领航者，陈孝云创新性地融合了"养成、信念、梦想、目标、积极心态"五大教育理念，构建了独特的星青年人才培养模式，将"唤醒、挚爱、托起、成就"的教育理念深植于日常教学的每一寸土壤。他坚信，教育的本质是心灵的触碰与成长的陪伴。

（一）驱散阴霾，绽放自信光芒

小凡，一位曾深受社交恐惧困扰的学生，他的世界一度被孤独与逃避所笼

罩。陈孝云深知每位学生的独特价值，他倡导建立亲密无间的师生关系，用爱与尊重为学子筑起心灵的港湾。得知小凡的困境后，他主动伸出援手，以茶会友，用温暖的话语和耐心的倾听，逐步打开了小凡紧闭的心扉。

在一系列精心安排的交流中，陈孝云以朋友的身份，与小凡分享成长的故事，探讨面对困难的智慧。他的真诚与理解如同一缕阳光，穿透了小凡心中的阴霾。随着交流的深入，小凡开始尝试走出自己的世界，参与集体活动，甚至勇敢地加入了演讲与口才协会。每一次尝试，都伴随着陈孝云的不离不弃与悉心指导，让小凡在挑战中找到了自信与勇气。

结合小凡的具体情况，学院还联合了心理健康专家团队，运用认知行为疗法，帮助他学会调节情绪、建立理性思维。小凡学会了深呼吸、正念冥想等放松技巧，逐渐摆脱了焦虑与抑郁的束缚。

"相信我能，相信相信的力量。"在陈孝云积极心态的引导下，小凡发生了翻天覆地的变化，他变得开朗自信，敢于在人前表达自己，无论是课堂发言还是课外活动，都能看到他活跃的身影。最终，在一次演讲比赛中，小凡勇敢地站上了舞台，分享了

陈孝云关心呵护万千学子健康成长

自己的蜕变之旅。小凡的故事，是对陈孝云教育理念最生动的诠释，也是对所有正在成长中的学子最有力的鼓舞。

（二）跨越抑郁，拥抱阳光生活

小梦，一个聪明且坚韧的女孩，高中时期因学业不堪重负，不幸陷入了抑郁症的泥潭。来到绿海学院后，她选择了计算机信息管理专业，初衷是希望通过技术减少社交，避免被同学察觉她的不同。然而因作息习惯的不同，她很快

感受到了来自集体的疏离，甚至提出了调换宿舍的请求。

得知小梦的困境，陈孝云迅速行动起来，联合辅导员和授课教师，为她编织了一张温暖的支持网。考虑到小梦家庭经济拮据，且母亲希望陪读的情况，陈孝云特别向学校申请，为母女俩安排了一间独立宿舍，并允许母亲兼任宿舍管理员，这一贴心举措不仅为小梦提供了有利于康复的环境，也缓解了家庭经济压力，更让母女俩感受到了学校的关怀与温暖。

在专业医生的指导下，小梦开始了规范的治疗。与此同时，绿海学院独特的星青年文化，强调全人发展，注重"星德、星健、星美、星能、星力、星才"等多方面的培养，如春风化雨般滋养着小梦的心田。她开始尝试参与校园活动，从旁观者逐渐转变为积极的参与者，每一次尝试都让她更加自信。

随着时间的推移，小梦在丰富多彩的校园生活中找到了自己的兴趣和专长。她加入了大学生艺术团，用音乐和舞蹈抒发情感；她还投身于星青年志愿服务，体验到了助人的快乐与价值。这些经历如同一束束光，照亮了她的内心世界，使她的病情逐渐好转。

经过不懈的努力，小梦不仅在身心健康上恢复了活力，学业上也取得了显著成就。她成功通过专升本考试，跨专业考入了一所知名院校的学前教育专业。这一转变，标志着她已经彻底摆脱了抑郁的阴影，重新拥抱了生活的光明。

回顾这段历程，小梦心怀感激。她深知，没有家人的陪伴、陈孝云老师的支持与绿海学院温暖的文化氛围，她不可能实现自己的梦想。本科毕业后，她选择了一条充满挑战的道路——在儿童福利院工作，成为一名特殊教育教师。她希望将自己在绿海学院获得的"星青年之光"传递给更多需要帮助的孩子，引领他们走向更广阔的世界，实现自我价值，成为社会的有用之才。

（三）小优的成长：从焦虑到平和

小优，自幼便是大家眼中的乖乖女，学业上勤奋刻苦，成绩斐然。每当关

键时刻，那份如影随形的紧张与焦虑便悄然浮现，让她的表现大打折扣，留下不少遗憾。尽管她不断尝试自我调整，却始终难以摆脱这一"魔咒"。

转眼间，大二下学期悄然来临，实习与就业的压力如同巨石般压在小优的心头。她担忧自己的学识能否在职场中立足，害怕面试时的尴尬沉默，更不知如何将书本知识转化为实战能力。这些焦虑情绪如同一张密不透风的网，让她倍感压抑与无助。

幸运的是，在这关键时刻，陈孝云如同灯塔一般照亮了小优的前行之路。在陈孝云及学院老师的悉心指导下，小优开始了一系列有针对性的心理调适与能力提升计划。

小优积极参与职业发展讲座和工作坊，与学长及行业专家面对面交流，从他们的经历中汲取宝贵的经验与智慧。这些活动让她意识到，焦虑是每个人面对未知时的正常反应，关键在于如何积极准备与应对。她开始尝试接受就业的不确定性，学会以更加平和的心态面对未来。

此外，学校为小优提供了宝贵的实习机会，让她得以将所学知识应用于实践之中。在实习过程中，她不仅提升了自己的工作能力，更在实战中增强了自信心。每一点微小的进步都让她对自己的职业生涯充满了期待与信心。

同时，陈孝云还鼓励小优参与学校创新创业社团活动。在这里，她不仅锻炼了自己的领导力和团队协作能力，还深入学习了五项管理技巧以及绿海学院独特的成长成才理念。这些宝贵的经历为她未来的职场生涯奠定了坚实的基础。

在星青年文化的熏陶下，小优逐渐走出了焦虑的阴影。她开始积极准备职业生涯的每一个环节，从简历制作到面试技巧再到职业素质提升。经过一年的不懈努力与成长蜕变，当毕业季悄然来临时，小优已经从一个对未来充满忧虑的学生成长为一名自信满满的职场新人。最终，她凭借出色的表现赢得了多个优质工作机会并选择了最符合自己职业理想的岗位。

（四）小智的蜕变：从迷茫到坚定

小智，物联网应用技术专业的一名学生，初入绿海学院时，他如同许多新生一样，对未来充满迷茫，学习缺乏动力，生活散漫。逃课、游戏、与同学的玩笑成了他日常的主旋律，给人留下了不思进取的印象。辅导员多次耐心引导，都未能触动他的心弦。然而，陈孝云没有因此放弃，他坚信每个学生都有其独特的花期，教育者应以热爱和真诚静待花开。

在陈孝云的言传身教下，小智的心田悄然发生了变化。"早立志，立大志，明大德，成大才"的理念逐渐在他心中生根发芽。他开始意识到，要摆脱迷茫，就必须认清自我，明确方向，向榜样学习。即使前路艰难，只要心怀希望，坚定前行，终将迎来光明。

大一下学期，小智的生活态度发生了翻天覆地的变化。他利用课余时间尝试经营淘宝网店，销售时尚潮流商品。在陈孝云的市场分析和定位策略指导下，网店迅速走红。小智忙碌而充实，他享受着每一次与顾客的交流，享受着每一笔订单的喜悦。这段经历不仅为他带来了经济上的收益，更重要的是增强了他的自信心和对未来的期待。

进入大二，小智的步伐更加坚定。在陈孝云的引荐下，他获得了在安徽浩宇人力资源公司实习的机会。在那里，他深入了解了人力资源管理的各个环节，从招聘、培训到绩效管理和薪酬福利设计，他都深入学习和实践。实习期间，他牢记陈孝云的教诲："八小时之内求生存，八小时之外求发展。"他虚心向同事请教，不断学习提升自我，逐渐成长为一名优秀的人力资源管理人才。

毕业后，小智毅然决定创立自己的公司——安徽富智人力资源公司。面对资金、团队、客户等多重挑战，他从未退缩。母校绿海学院和陈孝云再次伸出援手，不仅提供了启动资金支持，还请专业老师作为他的顾问团队。凭借在实习和网店经营中积累的经验，小智的公司迅速在合肥市场站稳脚跟。

在创业过程中，小智始终秉持"自强不息、知行合一、合作共享、内圣外

王"的星青年素养。他深知只有不断自我提升，才能在激烈的市场竞争中立于不败之地。如今，安徽富智人力资源公司已与80多家企业建立了合作关系，成为行业内的佼佼者。

回望来路，小智感慨万分。他说："是陈孝云老师帮助我找到了人生方向。没有老师的关心和培养，就没有我的今天。我将永远铭记师恩，继续在追梦的路上勇往直前。"

在绿海学院这片沃土上，关于心灵疗愈的故事俯拾皆是，小凡、小梦、小智、小优四位同学的经历，映射出每一位在逆境中挣扎、不懈追求光明的学子的心路历程。这些故事如同璀璨星辰，共同诉说着一个真理：真爱与坚持，拥有穿透心灵阴霾、点亮希望之光的非凡力量。它们能够唤醒内心深处沉睡的潜能，让无数学子在各自的人生舞台上，绽放出独一无二、耀眼夺目的光芒。

教育，国之根本，教师则是这一伟大事业的核心。遇到一位好老师，是学生一生的幸运；学校汇聚众多良师，则是学校的荣耀；而一个国家若能持续涌现出优秀教师群体，则是民族振兴的希望所在。陈孝云正是这样一位默默耕耘在教育一线的典范。他以"成就一学生，幸福一家庭"为己任，深耕职业教育三十余载，不忘初心、牢记为党育人、为国育才的使命，树立了"躬耕教坛、强国有我"的崇高理想。

陈孝云坚持"教育就是生命影响生命"的核心理念，将"学子未成才我寝食难安"的责任感深植于心。他用信仰的光芒、无私的奉献、坚定的担当，诠释着人民教师的崇高本色；以满腔的爱心、丰富的知识、深邃的智慧，点亮了一盏盏学生心中的明灯。陈孝云的故事，是中国教育家精神的生动体现，激励着每一位教育工作者不断前行，为培养更多优秀人才贡献力量。

三、以严爱之诚，锤炼雄鹰翱翔天际的坚韧之翼

教育作为推动社会进步与变革的重要力量，陈孝云深知其分量。他站在职

业教育改革的前沿，积极响应国家关于发展职业教育的号召，致力于将职业教育普及化、大众化。他坚信，职业教育能够为千家万户铺设发展的基石，为无数学子搭建起成长的舞台。因此，他不懈努力，将职业教育的理念与实践深入人心，为社会的可持续发展贡献着自己的力量。陈孝云特别对雄鹰实践班提出了严格而全面的要求，旨在将这些学生培养成为未来商界的璀璨之星。

严格的专业与特长要求。陈孝云强调，雄鹰实践班作为学院办学特色中的一支重要力量，其学生不仅要精通专业知识，还要具备明显的特长。他鼓励学生们勇于展示自我，积极参与各类公开课和专业竞赛，通过实战锻炼提升个人能力和水平。这种高标准、严要求的培养模式，使得雄鹰实践班的学生在学术和实践领域均表现出色，成为学院乃至社会的佼佼者。

为职教礼赞，立星青年誓言

梦想与目标的明确引导。梦想与目标是学生成长道路上的灯塔。陈孝云要求雄鹰实践班的学生要有梦想，争做未来商界的小鲨鱼。他鼓励学生们树立远大志向，明确自己的发展方向，并为之努力奋斗。在他的引导下，学生们纷纷立下了服务社会、报效国家的宏伟目标，并在学习和实践中不断朝着这些目标迈进。

学习力与创造力的双重提升。面对日新月异的商业环境，陈孝云深知学习力和创造力的重要性。他要求雄鹰实践班的学生要具备强大的学习力和创造力，

能够迅速适应市场变化，不断创新求变。为此，他鼓励学生们广泛阅读、深入思考、勇于尝试，不断拓宽自己的知识视野和思维边界。同时，他还通过组织各类创新创业活动和比赛，为学生们提供展示自我、锻炼能力的平台，助力他们在学习和实践中不断成长。

清晰的自我认知与规划。陈孝云强调，一个优秀的学生必须具备清晰的自我认知和规划能力。他要求雄鹰实践班的学生要十分清晰地看到自己的今天、明天和未来，明确自己的优势和不足，并制订切实可行的发展计划。他鼓励学生们勇于面对挑战和困难，不断调整自己的心态和策略，以积极乐观的态度迎接未来的挑战。

全方位的能力培养。除了专业知识和技能的培养外，陈孝云还注重雄鹰实践班学生综合素质的提升。他要求学生们不仅要具备扎实的专业素养，还要具备良好的道德品质、团队精神和沟通能力等综合素质。他鼓励学生们积极参与志愿服务、社会实践和文体活动等第二课堂活动，通过多样化的实践锻炼提升自我、完善人格。

塑造坚韧不拔的精神风貌。陈孝云深知，在商界的激烈竞争中，坚韧不拔的精神是成功的关键。因此，他特别注重在雄鹰实践班中塑造这样一种精神风貌。他通过组织户外拓展训练、模拟商业挑战等活动，让学生在面对困难和挑战时，能够学会坚持与不放弃，培养起强大的心理承受能力和逆境应对能力。这种精神的磨砺，让学生们在未来的职业生涯中，无论遇到多大的风浪，都能保持冷静、坚定，勇往直前。

强化实践与创新的深度融合。陈孝云坚信，实践是检验真理的唯一标准，而创新则是推动社会进步的不竭动力。因此，在雄鹰实践班的教学中，他特别注重实践与创新的深度融合。他鼓励学生们将所学知识应用于实际项目中，通过解决真实世界的问题来深化理解，同时鼓励创新思维，勇于尝试新方法、新技术。这种教学模式不仅提升了学生的实践能力，更激发了他们的创新潜能，为未来的商业实践打下了坚实的基础。

搭建校企合作平台，拓宽学生视野。为了让学生更好地了解行业动态，掌握前沿技术，陈孝云积极搭建校企合作平台，与多家知名企业建立合作关系。他邀请企业高管来校讲座，分享行业经验和商业智慧；同时，也组织学生到企业参观学习，亲身体验职场环境。这种校企合作的模式，不仅拓宽了学生的视野，让他们对商业世界有了更直观、更深入的认识，也为他们未来的就业和创业提供了宝贵的资源和机会。

注重学生心理健康，营造和谐成长环境。在严格要求学生的同时，陈孝云也非常关注学生的心理健康。他深知，在高压的学习和生活环境中，学生可能会面临各种心理压力和挑战。因此，他特别注重营造和谐的成长环境，鼓励学生之间相互支持、共同进步。同时，他还积极引入心理健康教育资源，为学生提供专业的心理辅导和咨询服务，帮助他们解决心理困扰，保持积极向上的心态。

鼓励个性化发展，激发潜能无限。陈孝云深谙每个学生都是独一无二的个体，拥有各自独特的才能和潜力。因此，在雄鹰实践班的管理中，他积极倡导个性化发展，鼓励学生根据自己的兴趣和特长进行探索和学习。通过设立多样化的选修课程、兴趣小组和导师制度，为学生们提供了广阔的舞台，让他们能够在自己热爱的领域精耕细作，不断挖掘和激发自身的潜能。这种个性化的教育模式，不仅让学生们的学习更加主动和高效，也让他们在成长的道路上更加自信和坚定。

强调社会责任与担当，培养领袖气质。作为未来的商界领袖，陈孝云认为雄鹰实践班的学生不仅要具备出色的商业才能，更要具备强烈的社会责任感和担当精神。他经常在班级活动中融入社会责任教育，引导学生关注社会问题，参与公益活动，用自己的力量为社会作出贡献。同时，他还通过模拟领导力训练、团队建设项目等方式，培养学生的领袖气质和团队协作能力，让他们在未来的商业领域中能够成为引领潮流、推动变革的领军人物。

倡导终身学习理念，培养持续成长能力。在快速变化的商业环境中，陈孝云深知终身学习的重要性。他鼓励雄鹰实践班的学生树立终身学习的理念，保

持对新知识、新技术的敏锐感知和持续学习的热情。他引导学生们建立自我学习机制，利用互联网、图书馆等资源不断拓展自己的知识边界；同时，也鼓励学生们积极参与学术交流、行业研讨会等活动，与业界精英保持紧密联系，获取最新的行业信息和趋势。这种持续成长的能力，将为学生们的职业生涯奠定坚实的基础，让他们在未来的道路上不断前行、不断超越。

陈孝云对雄鹰实践班的严格要求与全面培养，不仅塑造了一批批优秀的商业人才，更为他们的人生道路铺设了坚实的基石。在他的引领下，学生们不仅掌握了扎实的专业知识和实践技能，更在道德品质、精神风貌、创新能力、社会责任感等方面得到了全面提升。他们将以更加饱满的热情、更加坚定的信念、更加卓越的才能，迎接未来的挑战与机遇，为实现个人价值和社会进步贡献自己的力量。

星青年勇向上，强本领，聚能量；星青年争荣光，有信念，能吃苦，敢担当

四、以仁爱之德，守护身残志坚青年的璀璨梦想

程雅琴，一位于2024年踏入绿海学院的新生，她的到来，如同晨曦初照，

为这所学府平添了几分不凡的光彩。自她步入校园的那一刻起，一股暖流悄然在心间涌动，那是对新环境难以言表的温馨拥抱与由衷喜悦。老师的和煦笑容、同学的诚挚问候，让这片土地不仅成为知识的殿堂，更化作了她心灵的温馨港湾。

展望未来三年的大学生活，程雅琴的心中满怀期待与憧憬。她渴望第一时间融入星青年志愿团队，用实际行动播撒正能量，温暖校园的每一个角落；她期盼着参与创新创业的大讲堂，让思维的火花在碰撞中激发无限创意；她更希望能在绿海学院这片沃土上，遇见一群志同道合的伙伴，携手并进，让每一个小梦想在这片土地上生根发芽，绽放出最耀眼的光芒。

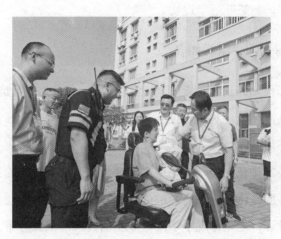

陈孝云带领教师团队迎接程雅琴同学

（一）求学之路，坚韧铺就

22 岁的程雅琴，虽命运多舛，却以不屈不挠的精神，书写着属于自己的传奇。自幼脑瘫的她，晚于常人步入幼儿园，步履蹒跚地学会行走与简单交流，每一步都凝聚着汗水与坚持。从阜南县曹集镇程郢村的一户普通农家走出，早产与营养不良的阴影未曾让她屈服。求学路上，她无数次跌倒又无数次爬起，用毅力书写青春，用坚持点亮希望。

回忆往昔，程雅琴的求学之旅布满荆棘。但无论是母亲的背脊，还是自行

车的后座，都承载着她对知识的渴望与对未来的向往。面对书写的困难，她以超乎寻常的耐心与毅力，倾斜纸张，用臂力稳住颤抖的手，一笔一画地勾勒出自己的梦想蓝图。这份坚持，赢得了师生们的敬佩与尊重，也为她铺就了通往高中的道路。

"上学能拓宽视野，提升自我。"这是程雅琴内心深处的信念。即便是在电动轮椅上，她也从未停下追求知识的脚步。高三的紧张备考中，她更是加倍努力，只为圆心中的大学梦。虽高考成绩不尽如人意，但对程雅琴而言，那是她全力以赴的证明。2024年，她终于收到了安徽绿海商务职业学院电子商务专业的录取通知书，梦想照进了现实。

（二）绿海情深，温暖如春

为了迎接程雅琴的到来，绿海学院精心筹备，力求为她营造一个更加便捷、舒适的学习与生活环境。从简化报到流程到宿舍的特别安排，每一个细节都透露着学院的关怀与温暖。

宿舍被细心安排在一楼，紧邻宿舍管理员，既保证了她的独立与便利，又便于随时获得帮助。轮椅无障碍通道的增设，让她的出入畅通无阻；宿舍内独立卫浴的特殊设计，更是体现了学院对她生活需求的细致考量。面对这份"量身打造"的关怀，程雅琴心中充满了感激。

学院还考虑到她家庭的实际困难，提出若其母亲愿意入住校园，将提供工勤岗位，既解决了生活照料问题，又给予了经济上的支持。目前，学院已成立志愿服务小组，全方位照顾她的日常生活，确保她在校园内的每一天都安心、舒心。

陈孝云亲自到宿舍探望程雅琴，以张海迪为榜样鼓励她自强不息、勇攀高峰。同时，学院为她量身定制了"三导师"制度，从学业、生活到职业规划，都有专业导师的悉心指导与陪伴。此外，学院还主动减免了她的学费与杂费，提供了专项生活补助并为她做了国家助学金政策的解读与帮助。这一切都让程雅琴更加坚定了自己的信念与决心。

程雅琴同学通过无障碍改造后的爱心通道前往宿舍

在绿海学院这片充满爱的土地上，每一个学生都被视为珍贵的存在。学院秉持"成就一学生，幸福一家庭"的使命，用实际行动诠释着教育的温度与爱的力量。程雅琴深知自己肩负的期望与责任，她表示将以张海迪为榜样，用顽强不屈的精神面对生活的挑战与困难，不负学校与社会的厚望与栽培，努力成为一名优秀的星青年。

五、教育至爱，源于心灵深处的纯粹

陈孝云作为大爱教育的坚定践行者与积极倡导者，深情呼唤每位教师勤修仁爱之心，乐教爱生，甘于奉献，成为既传授知识又培育品德的教育家。

成就教育梦想，离不开教师对教育的深情厚爱。选择教育，就是选择了一份崇高的职业，它要求教师拥有高尚的育人情怀，追求高远的精神境界，成为学生心灵的引路人和人格塑造者。办好高质量教育，关键在于教师是否具备仁爱之心。好教师，方能成就好教育。教师需将加强师德修养视为内在需求，言行举止皆成教育典范，推动教育走向优质均衡，让每个孩子都能享有出彩人生的机会。

教育，这项需要倾注毕生精力的伟大事业，其根基在于爱。唯有教师心怀学生，敬业爱岗，以赤诚、奉献与仁爱投身其中，方能赢得学生的信赖与敬仰，承担起立德树人的崇高使命，在三尺讲台上绽放自我价值的光芒。

教育，亦是一门需智慧启迪的艺术。教师若能热爱教学，遵循教育规律，灵活运用教学方法，因材施教，寓教于乐，便能如春风化雨般滋养学生的心田，引导他们求真向善，激发其内在潜能，踏上自我成长的征途。

教育，关乎国家未来，民族兴衰，是社会进步的坚固基石。教师既是立教之本，也是兴教之源，须立志传道，乐于育人，坚守教育初心，才能更好地肩负起以文化人、培根铸魂的神圣职责。教师要甘做人梯，甘为铺路石，以高尚的师德为学生的心灵绘上亮丽的底色，激励他们勤学笃行，砥砺前行，最终成为社会的栋梁之材，为教育现代化和教育强国建设贡献力量。

陈孝云带领教职工一起学习

培育社会主义建设者和接班人，更需教师心怀大爱。师爱，是教育的灵魂。它不仅影响学生的在校成长，更深远地塑造着他们未来的人生轨迹。敬业爱生、无私奉献的教师，如同灯塔般照亮学生的前行之路，引导他们树立正确的人生观，坚定理想信念，练就过硬本领，在各自领域建功立业，报效祖国。

教师心中都有一个共同的梦想——桃李满天下。教师以育人为己任，默默耕耘，无私奉献，用实际行动诠释着高尚的师德风范。在助力学生实现个人梦想的同时，也在他们心中播下了"报国梦"的种子，共同书写着朴素而辉煌的人生篇章。

面对世界百年未有之大变局，教育是实现中华民族伟大复兴中国梦的关键所在。教师心中有火，目中有光，执着于教书育人，凝心铸魂，为培养拔尖创新人才贡献力量，就是在为中国梦添砖加瓦，无愧于"梦之队"筑梦人的光荣称号。

崇德勤业，乐教爱生，是教师不变的追求。在建设教育强国的征途上，教师应该携手并进，大力弘扬教育家精神，永葆仁爱之心，从教书匠成长为大国良师，成为学生成长道路上的坚实后盾，托起他们的梦想，培育出更多有理想、有道德、有才华、有担当的时代新人。

教育，这股无形却强大的力量，既能扭转个人命运的轨迹，亦能塑造国家未来的蓝图。我们应将这份信念化为行动，致力于拓宽贫困地区孩子们的教育之路，让梦想的种子在教育的温暖阳光下生根发芽，茁壮成长。

对于许多贫困家庭的孩子而言，教育这扇通往更好生活的大门似乎被重重阻隔。但总有人心怀大爱，深知教育是改变命运的关键阶梯，即便路途遥远且艰难。陈孝云便是这样一位引路人，他时常提醒我们，教育应满怀温情，勇于担当起塑造未来的重任，成为卓越的职业教育者。

因此，陈孝云毅然投身于这份神圣的事业中，决心以一颗慈爱之心，为这些孩子铺设一条通往希望与梦想的坦途。在这条路上，他倾注了无数心血与汗水，只为让每一个孩子不因贫困而错失学习的机会，能够自信地踏入校园，开启他们新的人生篇章。

如今，越来越多的孩子得以跨越障碍，走进知识的殿堂，他们在这片广阔的天地间自由翱翔，用不懈的努力和辛勤的汗水滋养着心中的梦想之花，期待着它终将绽放出绚烂的光彩。这一切的改变，都源于陈孝云那份对教育事业的执着追求和对孩子们深沉的爱。

第七章

成才之路
——星青年成长成才的密码

精彩速览

一、伟人智慧，照亮成才征途

二、星青年成长，解锁成功密钥

三、绿海理念，铸就未来之星

无论是先贤的智慧之光、星青年成长的通道与密钥，还是绿海学院的办学理念，都在以各自的方式助力着青年的成长与成才。它们共同构成了青年成长的广阔天地，让每一个有志青年都能在这里找到属于自己的舞台，绽放出属于自己的光芒。

——题记

青年是国家之未来，民族之希望。绿海学院自创立以来，便将培育符合时代需求的新青年视为己任与灵魂所在。学院不忘初心，砥砺前行，在教书育人的道路上默默耕耘，不懈探索。绿海学院以党的二十大精神为指引，牢记习近平总书记对青年的殷切期望，为学子们描绘了一幅成长成才的宏伟蓝图，鼓励大家努力成为新时代的星青年。

一、伟人智慧，照亮成才征途

在中国悠久的历史长河中，历代先贤们对于成才的论述，如同璀璨星辰，照亮了后人前行的道路。他们不仅以深邃的思想影响了后世，更以各自独特的视角，阐述了成才的真谛与路径。从老子、孔子到王阳明、曾国藩，再到近现代的陶行知，这些伟人们的智慧跨越时空，具有深远的指导意义。

老子：道法自然，无为而治。老子在《道德经》中强调"道法自然"，这一哲学思想同样适用于个人成长。老子认为，成才之道在于顺应自然规律，不强行干预，不急功近利。老子提倡"无为而治"，鼓励人们在追求学问与品德修养时，保持一颗平常心，不刻意追求名利，而是让内在的智慧与德行自然流露。这种顺应自然、淡泊名利的态度，是成才路上不可或缺的心境。

孔子：学而不厌，诲人不倦。孔子作为儒家学派的创始人，对成才有着更

为具体的论述。孔子强调"学而不厌，诲人不倦"，认为持续不断地学习是成才的基石。孔子提倡"六艺"教育，即礼、乐、射、御、书、数，旨在培养全面发展的人才。同时，孔子也注重品德修养，认为"君子务本，本立而道生"，即人才之根本在于品德的树立。孔子的这些思想，至今仍激励着无数学子勤奋学习，追求德才兼备。

王阳明：知行合一，致良知。 明代思想家王阳明提出的"知行合一"理论，为成才之路提供了实践指南。王阳明认为，知识与行动应当紧密结合，只有在实际行动中践行所学，才能真正达到成才的目的。同时，王阳明强调"致良知"，即通过内心的反省与修炼，发现并遵循内心的良知，以此指导自己的行为。这一思想鼓励人们在成才过程中，不仅要注重知识的积累，更要注重内心的修炼与道德的完善。

曾国藩：勤奋坚韧，自律自省。 晚清重臣曾国藩，以其卓越的成就和深厚的学识，成为了后世学习的楷模。曾国藩对于成才的论述，主要体现在勤奋、坚韧、自律与自省上。曾国藩一生勤奋好学，无论身处何种环境，都坚持每日读书、写字、自省。曾国藩认为，成才之路无捷径可走，唯有通过不懈的努力与坚持，方能有所成就。同时，曾国藩也强调自律与自省的重要性，认为只有严于律己，不断反思自己的言行举止，才能不断进步，成为真正的人才。

陶行知：生活即教育，社会即学校。 近现代教育家陶行知，则提出了"生活即教育，社会即学校"的教育理念。陶行知认为，教育不应局限于书本和课堂，而应融入生活的方方面面。陶行知倡导"教学做合一"，即在教学中注重实践，让学生在做中学、在学中做。他鼓励学生们走出校园，深入社会，通过实践来增长见识、锻炼能力。这种开放式的教育理念，为现代人才的培养提供了新的思路与方向。

钱学森：科学报国，追求卓越。 钱学森作为中国现代航天事业的奠基人之一，他的事迹和精神对于成才也有着重要的启示意义。钱学森一生致力于科学研究和技术创新，为中国的航天事业作出了巨大贡献。钱学森强调的科学报国精神和追求卓越的品质，是新时代青年在成才过程中应当学习的。钱学森的事迹告诉我们，成才不仅仅是为了个人的名利和地位，更是为了国家和民族的繁荣富强。我们应该将个人的理想和追求融入国家和民族的发展大局之中，为实现中华民族的伟大复兴贡献自己的力量。

屠呦呦：科研报国，持之以恒。屠呦呦是中国首位获得诺贝尔生理学或医学奖的科学家，她的成就不仅是对个人科研能力的肯定，更是对科研报国精神的颂扬。屠呦呦在青蒿素的研究中付出了数十年的艰辛努力，她的成功离不开持之以恒的科研精神和报效祖国的坚定信念。屠呦呦的事迹告诉我们，成才需要坚定的信念和不懈的努力，只有对科研事业充满热爱和执着追求，才能在科学领域取得卓越的成就。

伟人对成才的论述，各具特色，但共同之处在于都强调了学习的重要性、品德的修养、实践的必要性以及内心的修炼。这些智慧结晶，不仅为后人提供了宝贵的思想财富，更为我们指明了成才的正确道路。在新时代背景下，我们应该汲取伟人的智慧和精神力量，不断努力学习、提升自我、勇于担当、追求卓越为实现个人价值和社会进步贡献自己的力量。

二、星青年成长，解锁成功密钥

陈孝云强调："为社会主义事业培养建设者和接班人，是教育的根本；而绿海的使命更加具体，那就是培育兼具技能、创新与时代精神的新青年。"陈孝云进一步提出"六个下功夫"的育人方针，为绿海学院的新青年培养工作树立了明确的方向标。

"星青年"这一称号寓意着青年应爱国敬业、勇于担当、追求卓越、闪耀光芒。他们是新时代的忠诚爱国者，是目标坚定的追梦人，是勇于担当的实干家。要成为星青年，必须做到六点：爱党爱国，信念如磐；勇于担当，自强不息；好学不倦，知行合一；胸怀宽广，合作共赢；创造价值，善始善终；追逐

梦想，内外兼修。既要有圣人的仁爱之心，又要有匠人的精湛技艺。

滋养星青年成长的养分，源自深厚的历史底蕴——从浩瀚的古籍中汲取先贤智慧，从伟大的建党精神中汲取前进的力量，从百位英雄模范的感人事迹中激发奋斗的动力，更勇于向未知世界进发，探索科学真理的奥秘。这些元素共同构成了助力有志青年从小树苗成长为参天大树的成长之路，它们如同解锁成功的"基因密码"，引导着每一位青年从懵懂走向成熟，从弱小变得强大，从探索未知到掌握知识，从迷茫徘徊到信念坚定。

围绕星青年人才的培养目标，绿海学院在长期的育人实践中，不断丰富和完善教育体系。近二十年的辛勤耕耘，见证了无数学子从平凡走向卓越，成为优秀的星青年导师和职业培训师；也见证了星青年人才培养模式如何激发学生的潜能，让他们在自立自强、勇于担当、守正创新中绽放光彩。星青年文化更是激励着每一位创业者，让他们拥有更远大的梦想、更坚定的信念、更强大的能力、更团结的团队、更辉煌的业绩以及更可持续的发展动力。

在多年的教育经历与星青年的培养征途中，陈孝云深刻总结出成才的规律：成才需立志高远，脚踏实地，将梦想融入日常努力中；同时，持续学习，勇于创新，以开放的姿态拥抱变化；团队协作与有效沟通同样关键，助力个体在集体中发光发热；面对挑战，坚韧不拔与勇于担当的精神更是不可或缺。这些认识如同灯塔照亮青年前行之路，为培养未来之星提供了坚实的理论支撑。

自我认知与定位。 智慧在于了解他人，而真正的明智则在于深刻认识自己。每个人都应明确自己的位置、过往与未来方向，思考自己的使命与追求。如何立足于世，实现个人价值，为家族争光，为社会做出贡献，乃至为后代树立榜样，这些都是值得深思的问题。唯有不断自我鞭策，做到自强不息、理论与实践相结合、团结协作、内外兼修，面对挫折不屈不挠，方能脱颖而出，成就一番事业。

心怀感恩，珍惜福祉。 家的温暖与力量，让我们学会爱；而爱党爱国爱社会主义，则源于对国家繁荣昌盛、民族复兴梦想的坚信。这些情感激励我们勤俭节约、礼貌待人、日行一善、努力学习、报效祖国。新时代的青年应树立正面的榜样，以积极乐观的态度面对生活，感恩每一份恩赐，努力成长，既利己也利人。

坚守信念，勇攀高峰。《道德经》有云："有道无术，术尚可求；有术无道，止于术。"这强调了信念与方向的重要性。星青年教育倡导坚定信念，将知识与实践紧密结合，自强不息，乐于奉献，以此创造辉煌。通过学习"道天地将法"等理念，结合智勇仁义等品质的培养，每位学生都能从平凡走向卓越，绽放个人光彩。星青年王钰清的故事就是很好的例证，他通过专业训练，经过不懈努力从贫困中走出来，成为企业顾问和培训师，与业界精英并肩前行。星青年的"四育"模式，即理想信念教育、素质能力教育、改变突破教育、内圣外王教育，旨在培养更多优秀人才和创新创业精英，为国家建设贡献力量。

追慕圣贤智慧。历代圣贤不仅是中华文明的奠基者，更是精神文化的传承者。历史长河中，无数成功的故事印证了"思想引领行为，行为养成习惯，习惯塑造性格，性格决定命运"的深刻道理。中国古典文化，作为中华文明数千年智慧的结晶，蕴藏着丰富的人生哲理与道德智慧。学习圣贤文化，不仅是传承中华优秀传统文化的责任，更能提升我们的视野与格局，增强内心的力量与底气。勤读圣贤典籍，铭记伟人事迹，汲取光辉思想，延续榜样精神，是新时代青年立志成才、奋发向前的坚实基石和智慧灯塔。深入经典，犹如遨游智慧之海，让人生因此而更加丰富，福慧双增。

梦想照亮未来。梦想是人生的灯塔，指引我们勇往直前。以爱育心，以智启慧，培养健全人格，是新时代教育的重要使命。星青年文化致力于塑造全面发展的青年，涵盖立志、奋斗、学习、创新、坚忍、谨慎、明德、感恩、精英九大特质，鼓励学生树立个人与团队的梦想，并致力于帮助他人实现梦想，成为周围人的光与热。梦想可化为不同阶段的计划与蓝图，激励我们不断前行。作为时代星青年，应具备实现多重梦想的能力与准备：在企事业单位，发挥所长，创造价值，成为引领风潮的佼佼者；在基层或军旅，坚守为人民服务的初

心，成长为有担当、有能力的时代先锋；在创业路上，秉承匠心精神，勇于探索，智慧前行，开创属于自己的辉煌篇章。这三条光荣的"长征"路，是星青年实现自我超越、贡献社会的广阔舞台。

汇聚正能量。优质的教育如同明灯，照亮思维迷雾，启迪智慧，使人豁然开朗。德鲁克的成功哲学揭示，成功离不开名师指点、优越环境及自我高标准。设想有顶尖导师引路，精英团队护航，加之个人积极态度与高效管理（心态、目标、时间、行动、学习），再辅以领导力、沟通力、销售力等多维度能力提升，逐渐成长为全面发展的商务精英。这便是青年蓄积正能量的途径与价值所在。

精进技能。青年是人生的"拔节孕穗期"，学习是首要任务，应该把学习作为一种责任、一种精神追求、一种生活方式。同时要勇于实践，"千里之行，始于足下"，实践不仅是成功的钥匙，也是真理的试金石。鼓励青年在专攻本业之余，根据个人兴趣拓宽学习领域，争取获得多领域认证，包括毕业证及行业认可的"1+X"证书，奠定坚实的专业基础。通过实施"12345"工程，持续磨炼技能，高质量完成实践任务，匠心独运，终将在时代洪流中脱颖而出，成就非凡事业。

战略导航。梦想激发潜能，学习铺就进步之路。每一次努力都是向梦想迈进的坚实步伐。马斯洛理论将自我实现视为终极追求，星青年人才培养模式正是以此为导向，深入探索"培养何种人才、如何培养"的战略课题，不断创新完善。通过构建完善的管理、服务、教学督导及考核评价体系，全方位、多层次推进实施，确保模式落地生根，助力青年追梦圆梦。如今，成效显著，众多星青年学子已成为行业翘楚、创业先锋。星青年品牌熠熠生辉，正引领着职业教育人才培养的新一轮改革创新，展现出蓬勃的生命力与无限可能。

凝聚团队力量。个人的力量虽有限，但当众人之力汇聚，便能创造无限可能。这股力量的纽带，正是我们所说的团队。女排精神激励着我们树立远大志向，紧密协作，以坚定的信念向着目标奋力前行，终将收获成功的果实。作为新时代的星青年，我们应践行"聚则光芒万丈，散亦星光熠熠"的团队理念。每日晨光中共读，日常行善积德，无论大小；每日汲取智慧，或通过学习案例，或向智者求教，为青年教育注入活力；每日铭记一句名言，滋养心灵，锻炼思维；每晚反思总结，收获与不足并进。在团队中携手并进，不断超越自我，坚信团队的力量，为实现共同目标不懈奋斗，这正是星青年自强不息、知行合一、创新合作、奋进利他的生动写照。

持之以恒的力量。学习与实践并重，青年学生应有理想而不空想，勤勉学习，勇于实践。志向高远，始于足下，面对困难不退缩，积极寻找解决之道，在逆境中寻找机遇，将梦想通过团队的努力变为现实。秉持"大道至简，以人为本，造福社会"的信念，勤奋且充满爱心，坚持到底，终将有所作为。正如爱迪生发明灯泡的历程，无数次失败未能阻挡他前进的脚步，他坚信失败是成功的垫脚石。在追梦路上，未知与挑战并存，唯有坚持，方能成就最佳。星青年君子学堂为青年学子赋能，点亮智慧之光，明确方向，增强能力，树立信心，让服务社会成为自觉行动。对于怀揣梦想的青年而言，能够发现并执着追求梦想，永不言弃，实乃人生之大幸。

三、绿海理念，铸就未来之星

在教育的广阔天地里，绿海学院以其独特的办学理念，汇聚了办学治校的智慧与力量，深刻体现了"梦想、信念、责任、爱心"这一核心价值追求。学院深知，青年是国家的未来，他们的成长与担当直接关系到社会的希望与国家的力量。因此，培养一批批理想信念坚定、人格健全、能力出众、价值观鲜明、社会责任感强烈的青年才俊，成了学院矢志不渝的育人目标，也是推动高质量职业教育发展的不竭动力。

使命与愿景。学院的使命清晰而坚定：成就学生梦想，让每一位学子都能在知识的海洋中扬帆远航；幸福员工生活，营造和谐的工作氛围，让教职工在

奉献中收获幸福；赋能校友成长，为毕业生提供持续的支持与帮助，助力他们在各自领域发光发热；奉献社会，通过教育培养更多优秀人才，为社会发展贡献智慧和力量。

展望未来，学院致力于创建一所理念领先、质量一流、内涵深厚的现代化、国际性、应用型高水平职业大学。这不仅是对自身发展的高标准要求，更是对国家和社会的庄严承诺。

价值观与校训。"崇德、向善、乐教、利他"，这八字校训如同灯塔一般，照亮了学院前行的道路。它要求全体师生崇尚道德、追求善良、乐于教学、服务他人，共同营造一个充满正能量与人文关怀的校园环境。

"海纳百川，经世致用"，则是学院对外开放与务实求真的生动写照。学院以包容的心态吸纳全球智慧，融合传统文化与现代理念，培养具有国际视野和实践能力的优秀人才。同时，秉承儒家"入世"思想，以匡世济民为己任，将所学知识应用于实际，为社会进步贡献力量。

办学方向与原则。在办学过程中，学院始终坚持贯彻落实党和国家的教育方针，以立德树人为根本任务，以服务社会主义现代化建设为目标导向。学院紧跟市场需求和就业趋势，开展多层次、多形式、多类别的职业教育和技术培训，为无业者提供就业机会，帮助有业者精进技能，支持专业者勇敢创业。

学院还明确了办学原则：办学以市场为中心，灵活调整办学策略以适应环境变化；教学以学生为中心，关注学生的成长需求与个性发展；管理以绩效为中心，通过激励机制激发教职工的积极性和创造力。

核心理念与发展战略。"自强不息、知行合一、合作共享、内圣外王"，这十六字核心理念是绿海学院精神的高度凝练。它鼓励师生不断追求卓越、勇于实践探索、加强团队合作、实现内外兼修。

为实现发展目标，绿海学院制定了五大发展战略：以人才培养模式创新为切入点，提升教育质量与效果；以质量为核心打造特色品牌，增强学院竞争力；以市场需求为导向抢占制高点，拓展办学空间与领域；以"双师型"团队建设为目标提升教学能力，培养更多高素质技能型人才；以社会主义核心价值观为引领筑梦塑魂，塑造学生正确的世界观、人生观和价值观。

管理方略与用人观。在管理上，学院借鉴"取像于钱、内方外圆"的智慧理念。"内方"即内部管理严格规范，"四个凡事"确保了责任到人、有章可循、有案可查、奖惩分明；"外圆"则强调外部适应性强，"四大需求"引导学院紧跟时代步伐和社会发展需求。

在用人方面，学院坚持"有德有才大胆使用、有德无才培养使用、有才无德慎重使用、无德无才坚决不用"的原则。这一用人观不仅体现了学院对人才品德的高度重视，也为学院的可持续发展奠定了坚实的人才基础。

在教育的广阔田野上，绿海学院秉持"因材施教、有教无类、保持个性、全面发展"的教育教学观，致力于培养适应时代需求的高素质人才。这一理念贯穿于学院教育教学的每一个环节，成为推动学院持续发展的不竭动力。

"三结合"人才培养途径。学院积极探索并实践"三结合"的人才培养途径，即学院与用人单位的紧密结合，确保人才培养与市场需求无缝对接；师生与生产实践的深度融合，让学生在实践中学习，在学习中实践；理论与实践技能的有机结合，提升学生的综合素质和职业能力。这一途径为学生搭建了从课堂到市场的桥梁，使他们能够更快地适应工作岗位，成为社会的有用之才。

"三结合"教学理念。为了进一步提升教学质量，学院还推行"三结合"的教学理念。这一理念强调课堂与市场的紧密结合，使教学内容更加贴近实际；教学与训练的有机结合，强化学生的实践操作能力；教授与企业家培训师的联合授课，为学生提供更多元化的学习视角和实战经验。这种教学模式极大地激发了学生的学习兴趣和积极性，促进了他们的全面发展。

教师队伍建设。在教师队伍建设方面，学院明确了"人员精干、素质优良、结构合理、专兼结合"的目标，并采取了一系列有力措施。学院注重培养专业带头人、骨干教师和思政学工队伍，尤其是中青年教师的成长与提升。同时，大力引进和培养"双师型"专业教师，并聘请具有丰富实践经验的兼职教师，

为学生提供更加优质的教学资源。此外，学院还倡导"四有"好老师标准，即有理想信念、有道德情操、有扎实学识、有仁爱之心，引导教师成为学生成长道路上的引路人和楷模。

"三位一体"的教学运营机制。学院构建了"三位一体"的教学运营机制，将人才培养、教学过程和教学目标紧密联系在一起。人才培养注重知识、能力和素养的全面发展；教学过程强调教师、学生和教材的协同作用；教学目标则追求教好、学好和教学关系好的和谐统一。这一机制为学院的教学工作提供了有力的制度保障和运行机制。

学院发展方向与人才培养模式的改革与创新。展望未来，学院将继续执行高等职业教育的方针，走"教学、科研、生产"三结合的道路。实践教学将更加注重学生实际动手和操作能力的培养，形成实验、实习、实训的综合体系网络。同时，学院将围绕学生的职业能力、社会适应能力和可雇用性进行全面培养，确保学生具备动手能力、实践能力和可持续发展能力。

在人才培养模式的改革与创新方面，学院以转变教育思想、更新教育观念为先导，以提高质量为核心，以增强特色为重点。学院将深化产教融合、校企合作和工学结合等关键环节的改革，打造开放性、实践性、职业性的教学环境。同时，学院还将通过工学交替、任务驱动、项目导向、顶岗实习等方式方法，融"教、学、做"为一体，强化学生能力的培养。

人才培养理念与目标。学院坚持因材施教、有教无类的教育理念，不以一张试卷定终身，不拘一格降人才。人才培养目标定位于培养一专多能、素质全面的技能型、双创型的时代星青年。在能力素质方面，学院注重培养学生的政治鉴别能力、自我学习能力、实践动手能力、合作协调能力和身心承受能力等五大能力，以及思考能力、组织管理能力、商务公关能力、语言文字表达能力和信息处理能力等五小能力。同时，学院还关注学生的职业素质培养，包括职业资质、职业意识、职业心态、职业道德、职业行为和职业技能等方面。通过两个重塑——重塑青年一代职业认知观念和道德价值体系，学院致力于培养具有社会责任感、专业技能、创新精神和创业能力的时代新青年。

陈孝云深知，培养全面发展的人才，需从"四格"的养成入手。在体格方面，学院注重增强学生的内在体质，塑造良好的外在体形，并提升外化的体力，确保学生身心健康；在心格方面，学院致力于培养学生的稳定情感、坚强意志与独特人格，使他们成为内心强大、情感丰富的人；智格的培养，则涵盖了知识的获取、技能的磨炼、经验的积累以及智慧的升华，鼓励学生不断求知，勇于探索；而在性格塑造上，学院强调良好的行为与仪态，包括提升交往能力、增强抗挫水平、激发创新能力，同时注重仪表与举止的得体，力求学生成为社会的表率。

为此，绿海学院制定了星青年行动纲领，号召学生将爱国主义作为精神指引，奉献社会作为人生追求，勤奋学习作为进步阶梯，深入实践作为成长之路。在学院管理上，坚持督导原则，以教学督导为核心，促进教学规范；辅以行政督察，优化教学环境；同时紧抓学院重点任务，确保政令畅通，推动学院发展。

在文化建设方面，绿海学院构建了精神、制度、物质三位一体的文化体系，精神文化是深层支柱，制度文化是坚实保障，物质文化则是坚实基础，三者相辅相成，共同营造积极向上的校园文化氛围。

在服务理念方面，绿海学院秉持"三满意"原则，即让学生和家长满意、让用人单位满意、让党和国家满意。学院始终以学生为本，追求教育服务的完美无缺；积极履行合约，为用人单位提供无忧服务；同时，将社会主义核心价值观融入教育全过程，积极参与社会活动，为社会输送实用型、技能型人才。

绿海学院的教师们，更是站在时代潮头，以职教为己任，为学生倾注爱心与热情，以崇高理想激励人，以高尚师德塑造人，以丰富学识引导人，以文明行为感召人，以广博爱心关怀人。他们秉承绿海校训与徽商品质，发扬奉献精神，保持高效作风，承诺政治坚定、爱岗敬业、严谨治学、言行一致，立志以"四个新一代"为标杆，培养出一专多能、素质全面的技能型、双创型时代星青年。

面对职业教育的新形势和新挑战，学院积极响应国家号召，深化产教融合、校企合作、工学结合、知行合一的职教改革理念。通过加强与企业的紧密合作、优化课程体系与教学内容、强化实践教学环节等措施，不断提升学生的职业素养与就业竞争力。

展望未来，绿海学院将继续秉承"梦想、信念、责任、爱心"的价值追求与信念情怀，以更加开放的姿态拥抱世界、以更加务实的行动服务社会、以更加卓越的成绩回报国家与人民的期待。在职业教育的广阔舞台上书写更加辉煌的篇章！

结 束 语

纵观陈孝云的个人成长史和从事教育工作三十余年的经历，从举办恒缘武校到安徽绿海商务职业学院的健康发展，我们不难看出，这既是他个人奋斗成长的历程，也是我国教育事业迅猛发展的体现，更是一个伟大时代变迁的缩影。

时势造英雄，时代也因有一批批英雄而更加精彩。在中国改革开放的洪流中，一个出身寒门的学子，孜孜不倦、奋斗不已、敢于创新、追求卓越。在三十多年的办学实践中，伴随着中国经济社会的转型和中国教育的巨大变化，陈孝云的教育理念和职教情怀无不表现出鲜明的时代特征和创新色彩。多年来，陈孝云以古今中外教育家为师，弘扬中华优秀传统文化，坚持党的教育方针、党建引领、立德树人，坚持顺应时代、改革奋进、守正创新，坚持立足地方、面向全国、放眼世界，决心办好有温度、有特色、有作为的职业教育，其生生不息、艰苦奋斗、风雨无阻、砥砺前行的精神令人钦佩。总结陈孝云三十余年的教育实践，作为一名职业教育的追梦人和执火者，他的职业教育理念与情怀具有鲜明的特点。

一、传承陶行知教育思想，创新职业教育理念

陶行知先生是中国现代史上著名的教育家，对我国教育的现代化作出了开创性的贡献，其教育理论与教育实践博大精深。在陈孝云长达三十年的教育实践中不难看出，他既是陶行知教育思想的研究者，更是忠实的践行者。

2024 年 8 月，陈孝云作为特邀嘉宾，做客新华丝路会客厅《寻找"陶行知"》专题对话栏目，他从"大爱""立志""创新""求真"四个维度阐述了陶行知教育思想和教育理念的现代价值，同时结合自身的教育实践与心路历程，阐明了

新时代创新高等职业教育的理念与情怀，使人感其意境高远，志向宏伟。

陈孝云认为，"捧着一颗心来，不带半根草去"的大爱精神是陶行知先生一生的写照。实践证明：教育的全部奥秘就在于如何热爱学生。作为新时代的教育人，我们要弘扬"爱满天下"的精神，关爱学生，办有温度的教育，追寻"爱自己的孩子是人，爱别人的孩子是神"的信念，立德树人，潜心育人，不忘初心，坚守信念，知行合一。

"为一大事来，做一大事去"，陶行知先生高远的人生志向和立志献身教育的坚强意志令人感慨。陈孝云认为，教育因为有了理想而目标更清晰，行动更积极。我们应以陶行知先生为榜样，像他一样："人生天地间，各自有禀赋，为一大事来，做一大事去"，成为一个教育理想的守望者，成为一个充满激情和诗意的教育人。

"学有所想""学有所成"的创新理念，不仅是家长的期望，更是社会的需求。为此，陈孝云指出，今天的我们应该像陶行知先生那样，做到学、习、悟的知行合一，课岗赛证融通，产教校企融合，让学生的每一次学习都有成效，让学生的每一次体验都有收获，最终让学生成为一个能适应未来挑战的人才。

"千教万教教人求真，千学万学学做真人"，这是陶行知为人与教人的宗旨之一。陈孝云感慨地说，"向陶行知学习，我们要做一个追求真知的人，要教人求真，首先要教己求真，求真的知识，真的本领，真的道德。"在教学研究上要脚踏实地，要有工匠精神，做事要精益求精。

陶行知等教育家的实践探索，可以为当下职业教育突破窘境提供帮助。中国职业教育任重道远，中国职业教育永远走在行知路上。在当今时代，传承陶行知教育思想，能够为职业教育发展注入新的活力。作为绿海学院领头人和陶行知教育思想的践行者，陈孝云勉励全体绿海人在陶行知教育思想的感召下，以爱满天下的教育情怀，明确"生利主义"的办学导向，创新"教学做合一"的课程体系，构建"教练型"师资队伍，激活学生"行知"潜能，坚持"校企协同育人"，为社会培养出更多高素质的职业技能人才，推动职业教育迈向新的高度。

二、有教无类、因材施教，让每一名学生都能实现人生逆袭

在陈孝云的教育理念中，最为显著的特点之一就是"有教无类、因材施教"。这一理念深刻体现了教育的公平性和包容性，强调了教育应关注每一个学生的个性和潜能，让每位学生都能在适合自己的领域中实现成长和逆袭。

陈孝云认为："过去不等于未来，相信自己、相信明天，相信相信的力量"，教育不应仅仅是筛选和淘汰的过程，更应是发现和培养的过程。他倡导的"不以一张试卷定终身，不拘一格降人才"正是对这一教育理念的生动诠释。绿海学院摒弃单一评价标准，采用多元化评价体系，为每位学生定制个性化教育方案，激发其潜能与兴趣。陈孝云在给学生作报告和演讲中不断以"天生我材必有用，有用贵在志向明"教育学生立大志、明大德，同时要求学生做好职业生涯规划，要求教师教学把握学生成长成才的规律，激发学生的内在潜力，引导他们找到适合自己的成长路径。

陈孝云的这种教育理念，体现了他对教育公平的执着追求。他深知，教育公平是社会公平的基石，是每一个学生实现梦想的起点。因此，他致力于打破传统的教育壁垒，让每一位学生都能在绿海学院享受到平等的教育机会，让每一位学生都能在这里找到属于自己的光芒。

在陈孝云的引领下，绿海学院成了一个充满活力、充满可能的教育天地。这里，每一位学生都被鼓励去追求卓越，去实现自我价值。这里，每一位学生都被赋予了实现人生逆袭的力量。正如陈孝云所说："用爱做今天卓越的我，奋勇担起明天神圣的职责。"

三、办有温度的教育，成就万千学子、幸福每一个家庭

陈孝云始终怀有"办有温度的教育"的赤子之心，他认为教育应当是温暖的、充满爱心的，应当能够触动学生的心灵，给予他们成长的力量。在绿海学院，他倡导的不仅仅是知识的传授，更是情感的交流和价值观的塑造。在陈孝云

看来，教育者应当拥有一颗超越血缘、超越私爱的博爱之心，这样的爱是无私的，是对学生未来负责的，是对每一个生命潜力的尊重和激发。因此，他要求每一位教师都要以父母之心去关爱学生，"不放弃任何一名学生，让他们都能成为有用之才"。

在陈孝云的引领下，绿海学院创建了一个充满爱与关怀的学习和生活环境。在这里，学生不仅能够获得知识和技能，更能够得到情感上的滋养和精神上的激励。在这里，每一位学生都被尊重、被理解、被关怀，他们的每一次尝试都被鼓励，每一次进步都被认可。

在绿海学院，陈孝云倡导的是一种全人教育，他强调学生在知识学习的同时，更要注重品德的修养和人格的塑造。他引用古圣先贤的教诲，如"大学之道，在明明德，在亲民，在止于至善"，鼓励学生追求高尚的道德品质和完善的人格。陈孝云认为，教育应当培养学生的仁爱之心、正义之感、诚信之行，让学生在成长的道路上，能够以德为本，以孝为先。陈孝云的这种教育理念，不仅让绿海学院成了学生成长的摇篮，更让无数家庭感受到了教育带来的幸福和希望。陈孝云相信，通过教育，可以成就万千学子，可以幸福每一个家庭。他坚信每一个孩子，只要在正确的思想引领下，都可以成长成才，不管是身残、贫穷，还是受过挫折，都可以在绿海被锤炼成具有鸿鹄之志、坚韧性格、翱翔天际的雄鹰。正如陈孝云所说："所有的梦想都可以成真，只要我们有勇气去追寻它。"

四、以唤醒式教育、成就式教育、托起式教育，让所有学生走出校门都能够成为时代旋涡的中心

陈孝云倡导的唤醒式教育、成就式教育、托起式教育，是他对教育使命和责任的深刻理解。陈孝云认为，教育应当是唤醒学生内在潜能的过程，是帮助学生实现自我价值的过程，是托起学生走向成功的过程。在绿海学院，陈孝云致力于创造一个能够激发学生创新精神和实践能力的教育环境，让每一位学生

都能在这里找到属于自己的舞台。

唤醒式教育强调对学生个性和特长的发现和培养，鼓励学生探索未知、挑战自我。在绿海学院，教师们通过创新的教学方法和丰富的教学内容，激发学生的学习兴趣和创造力，引导他们主动学习、积极思考。学院还通过开展各类竞赛和项目，为学生提供展示自我、实现自我价值的平台。

成就式教育关注学生的成功体验和成就感，通过设定合理的目标和期望，帮助学生建立自信，体验成功。在绿海学院，学生的每一点进步和成就都得到认可和鼓励，他们在学习中不断积累成功的经验，增强对未来的信心和期待。

托起式教育是一种支持和帮助的教育方式，它要求教师和学院为学生提供必要的资源和帮助，让他们能够在挑战中站稳脚跟，实现自我提升。在绿海学院，学生在教师的指导和学院的支持下，能够克服困难，不断提升自己的能力和素质。

通过这三种教育方式的实施，绿海学院的学生在走出校门时，不仅具备了扎实的专业知识和技能，更具备了坚定的信念、开阔的视野和强烈的责任感。他们能够积极投身于时代的发展潮流中，成为社会的有用之才，真正实现了陈孝云对他们的期望："我的岗位我负责，我的岗位请放心，我的岗位不可替代。"他们每个人都在自己的岗位上为实现中华民族伟大复兴的中国梦贡献自己的力量。正如陈孝云所说："人因理想而伟大，人因梦想而通达，人生逐梦，方能致远。"

五、以产教融合、校企合作为载体，实现资源共享,多方育人

党的二十大报告提出，实施科教兴国战略，强化现代化建设人才支撑。其中强调"统筹职业教育、高等教育、继续教育协同创新，推进职普融通、产教融合、科教融汇，优化职业教育类型定位。加强基础学科、新兴学科、交叉学科建设，加快建设中国特色、世界一流的大学和优势学科"，为未来教育工作指明了重要方向。

"产教融合、校企合作、工学结合、知行合一"，是陈孝云矢志不渝追求的职业教育的初心和目标。他常说："培养具备扎实能力、勇于担当、乐于奉献且人格健全的新一代青年，是学院不变的使命与追求。""学校要凸显教育特色、提升教学质量，关键路径就是要不断深化校企合作，创新产教融合模式，为高职教育改革与发展交出一份亮眼的成绩单。"多年来，陈孝云高站位、高起点、高标准，以服务为宗旨，就业为导向，积极探索产教融合、校企合作的办学之路，踔厉奋发、勇毅前行，不懈追求，奋力谱写了职业教育事业的时代华章。

在学院内部治理上，陈孝云致力于人才培养模式的改革与创新，转变教育思想、更新教育观念，以提高质量为核心，以增强特色为重点，先后建设 8 个产业学院、80 余家实习实训基地，深化产教融合、校企合作和工学结合等关键环节的改革，打造开放性、实践性、职业性的教学环境，强化学生能力的培养。陈孝云主导成立了创新创业指导中心，全面规划并协调学院的创新创业指导与服务工作，注重双师型教师培养，专注双创课程的研发、实施，通过课程改革和教学评价体系优化，不断提升教学质量。陈孝云还倡导成立了双创俱乐部，为学生搭建起双创社团的交流平台，并举办了商道训练营，组建了双创导师团队，吸纳校外成功企业家与校内优秀教师共同参与双创教学，并鼓励教师参加外部培训，不断提升专业能力。每年一度的"互联网+"双创大赛更是激发了师生的创新思维与创业热情。

在校企合作上，陈孝云主动融入长三角区域经济社会发展大局，广泛邀请行业企业深度参与学院人才培养的各个环节。联合省内 20 余所高校共同发起成立了"安徽省高等职业院校创新创业联盟"，联合 158 家企业与学校成立了安徽数字创意职教集团暨数字创意行业产教融合共同体，聚集优质资源，围绕相关专业群，充分发挥产业优势，打造集"产、教、学、研、创、转"于一体的示范性职教高地。与省内外 100 多家知名企业及高校，展开了深度合作，搭建共建、共享、共商、共赢的"政行企校"协同育人平台，不断提升服务地方经济和社会发展的能力，实现了资源共享、人才共育的良好局面，安徽省教育厅授

予绿海学院"校企合作示范单位"。

在学术研究上，面对职业教育的新形势和新挑战，陈孝云多次组织举办高端研讨会，先后在南开大学、北京大学等高校，邀请国内外知名专家学者、职业教育界和企业届领军人物，围绕"产教融合、校企合作、工学结合、知行合一"的职教理念进行深入交流与探讨，汇聚智慧，制定更加精准有效的培养策略，其研究成果获得省级教学成果二等奖。

陈孝云始终坚信"每份私下的努力，都会得到加倍的回报，并在公众面前得以彰显。"在2020年末的全国科学能力建设平台联席会产教融合大会上，绿海学院赢得了"产教融合先进单位"的殊荣，陈孝云分享了学院的成功经验，为全国民办高校在新时代背景下，如何化危机为机遇、以变局促新局提供了宝贵的启示。

今天，在陈孝云的带领下，绿海学院正在实施"一体两翼"战略，以高水平职业大学建设为主体，以人文、科技发展为两翼的发展战略，做深做实产教融合，重点推动人工智能、元宇宙等高科技赋能职教创新发展。乘着数智化、科技化的东风，站在"专业共建、人才共育、成果共享、发展共赢"的校企合作新的起点上，绿海学院不断乘风破浪扬帆远航。

六、以党建为引领，坚定弘扬中华优秀文化，办好让党放心、人民满意的职业教育

陈孝云是合肥市民办高校举办者中唯一的一名共产党员，他理想远大，信仰坚定，对党忠诚，专注教育工作。陈孝云常用这样一句话来激励广大师生："信仰是灯塔，可以照亮黑夜的道路；信念是火焰，可以让奋斗者凤凰浴火，涅槃重生。"纵观陈孝云15年来职业教育的办学历程不难发现，在"为谁培养人、培养什么人、怎样培养人"这一教育的核心问题上，他的信仰崇高而坚贞，信念坚定而执着，家国情怀深厚，追求真理、目标高远、知行合一，始终坚持以党建为引领，坚定弘扬中华优秀文化，努力办好让党放心、让人民满意的职

业教育，为学校的持续健康发展提供了坚强的政治保证。

陈孝云博学深悟，率先垂范，勤奋学习党史、新中国史、改革开放史、社会主义发展史及中华民族发展史，经常用长征精神、延安精神助力团队建设，凝聚团队力量，坚定教育初心，常态化地组织学习习近平总书记关于教育的重要论述，将政治引领贯穿于教育工作的始终，牢记为党育人、为国育才的神圣使命。

陈孝云尤为重视党建与思想政治工作，将"党建引领示范校"作为重要发展目标，坚持把加强党的政治建设放在首位，不断完善体制机制建设；深入落实党建重点任务，将党的建设融入学院章程之中，并积极学习践行伟大建党精神；始终将立德树人作为教育的根本任务，将其融入思想道德教育与知识技能传授的全过程；充分发挥党组织的政治功能和组织功能，确保党的领导贯穿于办学治校的每一个环节。

陈孝云坚定不移地以习近平新时代中国特色社会主义思想为指导，通过不断深化和加强师德师风建设，努力打造一支具备理想信念、道德情操、扎实学识和仁爱之心的教师队伍，为学校的持续高质量发展注入了强大动力。

作为共产党员，陈孝云心怀红色信仰与红色追求，不断从红色历史中汲取力量，将红色教育文化融入学生成长、课堂教学、社会实践及校园文化建设的每一个环节，让红色基因代代相传。

陈孝云将红色文化中的精神力量转化为推动事业发展的强大动力，牵头成立了安徽省当代社会主义核心价值体系研究中心、安徽省高等职业院校创新创业联盟及安徽省红色文化研究工作委员会三大省级平台；创建了党建文化馆、党建文化广场、智慧思政教室和科创馆，举办红色文化报告会、革命英雄事迹网络展播等活动，利用金寨红军广场、渡江战役纪念馆等红色教育基地，开展红色经典诵读、红歌合唱、"行走的思政实践课"等丰富多彩的实践活动；全方位、多角度地传承和弘扬红色文化，让红色基因在新时代青年中薪火相传。

陈孝云深入领会习近平总书记关于传承中华优秀传统文化的重要论述，从

坚定文化自信的高度去认识弘扬中华优秀传统文化的重大意义。精准定位，精心谋划，创建了江淮人文大讲堂、道德讲堂等一系列文化载体，把"忠、孝、礼、智、信"等中华优秀传统文化的精髓作为培养良好思想道德品质的重要源泉，注重价值引领和思想涵育，把中华优秀传统文化的种子埋入青年一代的心田；通过开展一系列"爱国、守纪、勤学、感恩、诚信、笃行、敬业"主题教育活动，培养学生的家国情怀、人文精神和国际视野，激励学生爱党爱国、忠诚担当、追求卓越、诚实守信、感恩奉献。

陈孝云信仰坚定，始终将红色文化深深融入学院的事业发展、党建思政工作、队伍建设和校园文化建设之中，以及人才培养的全过程。陈孝云信念执着，培养出了一批批信念坚定、爱党爱国、艰苦奋斗、无私奉献的新时代青年。在陈孝云铁人般意志的引领下，学院发展已驶入了快车道，人才培养质量已迈上了新台阶，"为天地立心，为生民立命"的教育责任与使命正在一步一个脚印的践行。

七、放眼世界，开拓发展，在"一带一路"上追逐人生梦想

"一带一路"倡议的提出，不仅是中国对外经济贸易的国家发展需要，也是新时代体现中国特色大国外交的重要举措。十余年来，"一带一路"倡议始终保持强大韧性和旺盛活力，持续为世界尤其是以亚洲为重点的国家经济、社会和文化的交流与发展提供了新机遇，收获了累累硕果。

在新的经济社会发展形势面前，高等职业教育如何抓住历史的机遇，更好地发挥服务国家发展战略和大国外交，为经济社会发展提供智力支持和人才保障，"一带一路"建设为我国高等职业教育的发展带来了新的契机。陈孝云作为中国职业教育的实践者和探索者，有着自己的独到见解。他认为，"一带一路"倡议既是促进国家间共同发展、实现共同繁荣的合作共赢之路，更是促进人类社会发展的创新之路、心灵相通之路、星光灿烂之路。在这一宏伟战略布局中，职业教育应当发挥独特且重要的作用，任重而道远。

首先,"一带一路"倡议为职业教育开辟了崭新的发展道路。在"一带一路"的大背景下,各国间的经贸合作不断深化,对高素质技能型人才的需求日益增长,这促使职业教育打破地域限制,加强国际交流与合作。陈孝云认为,高等职业院校可以与"一带一路"共建国家的教育机构共享教学资源,互相借鉴先进的职业教育理念与教学方法。通过"一带一路",职业教育能够与产业发展更紧密结合,可以根据不同国家的特色产业,设置针对性的专业课程,为当地培养符合产业需求的专业人才。同时,也为我国学生提供了更多元的实习与就业机会,让他们在国际舞台上施展才华。"一带一路"推动职业教育走向国际化,不仅促进了各国教育的协同发展,更为经济全球化注入了强劲的技能型人才动力,是职业教育创新发展的康庄大道。

其次,"一带一路"是一条国家间人民心灵相通之路。在经济合作的表象之下,它蕴含着深厚的人文内涵,沿着"一带一路"的轨迹,不同国家和地区的人们有了更多的交流与互动。各国的文化、艺术、传统在这一平台上相互展示、碰撞与融合。从古老的丝绸之路到如今的"一带一路",人们分享着各自的故事,感受彼此的生活方式。这种交流消除了陌生与隔阂,在人们心间搭建起理解的桥梁。由此,陈孝云认为,在这条心灵相通之路上,我们的职业教育大有可为,通过与"一带一路"国家间的合作办学、人才交流、艺术展览和学术研讨等文化交流活动,让人们在思想上产生共鸣。我们在欣赏他国优秀文明成果,吸收优秀技艺和文化理念的同时,也让自己的文化瑰宝在世界闪耀,传播中国文化。这种文化的交融可以增进各国人民之间的友谊与信任,让不同语言及不同肤色的人们携手走向和谐、包容与团结的美好未来。

最后,"一带一路"是构建人类命运共同体的星光灿烂之路。"一带一路"串联起众多国家与地区,经贸合作如繁星闪耀,基础设施建设项目落地生花,文化交流的火花绚丽多彩。共建国家在这条大道上共享机遇,如同星星在夜空中交相辉映,共同构建人类命运共同体的璀璨未来。在这条星光大道上,高等职业教育能够发挥独特的服务作用。我们应该加强与共建国家职业教育

机构和高等院校合作办学，通过"引进来"（引进国际先进教育理念和资源，提升自身办学水平）和"走出去"（推动职业教育海外办学，输出中国职业教育的标准和模式，提升我国职业教育的国际影响力），建立长效的人才培养机制，根据产业需求培养具备扎实操作技能的人才，培养出更多的璀璨明星，为国家发展战略奉献力量的星青年，让他们在"一带一路"的大舞台上绽放出更加绚烂的光彩。

陈孝云既是中国职业教育服务国家"一带一路"倡议的研究者，更是执着的践行者。当下，绿海学院正乘着党的二十届三中全会的强劲东风，扬帆出海远航，从"绿海"走向"蓝海"，实施职业教育的战略性举措，全资并购马来西亚吉隆坡建设大学，并将改名为吉隆坡科技大学。身为绿海学院董事长、星青年文化总培训师的陈孝云率先垂范，以身作则，亲力亲为，从内蒙古到新疆，从青海到云南，征战南北，与多省、市签订了战略合作协议。

目前，陈孝云经过深思熟虑，已为将来与东盟的教育合作制定了宏伟的战略规划。按照规划的设计，在建设好吉隆坡科技大学的基础上，通过与多国合作，成立"'一带一路'国际教育高质量发展联盟"，打造一批技能型、应用型乃至研究性、开放性的国际大学，成为中国东盟教育合作的典范。绿海教育不仅服务于地方，服务马来西亚，更为将来服务"一带一路"共建国家、服务全世界作出贡献，让教育出海的社会效益和国际影响力日益扩大，让"绿海"的品牌成为"一带一路"上的耀眼明珠。同时在教育出海的过程中，绿海学院的星青年文化、中华传统优秀文化也随之漂洋过海，让国内外所有受过绿海教育的学子都能够做到"自强不息、知行合一、合作共享、内圣外王"。

陈孝云坚信，这是历史的召唤，是时代的要求，是发展的大势，是一个具有远大视野教育者的初心，同时也是天将降大任于斯人的使命。这将是绿海学院浴火重生、奋勇前行，迎接更加美好未来气势恢宏的壮举，必将在职业教育发展中留下浓墨重彩的一笔。

附录 | 我的理想信念之路
——陈孝云自述

人生之路，犹如一幅宏大的画卷，色彩斑斓且选择繁多。然而，对于人生的信仰，却如同那画中的主色调，一旦选定，便需矢志不渝。人生的道路有很多选择，但人生的信仰只能选择一个。老托尔斯泰的箴言，深深地击中我的心，并在无形中给我指引和力量，不断激励着我前进，让我始终拥有坚定的内心和信仰。人无信念则不立，我是坚定的马克思主义信仰者，始终自觉且坚定地践行与弘扬社会主义核心价值观。

时光回溯至 1995 年，那时，我已被家乡的镇党委书记所认可，被誉为创业的领头羊，一个充满正义感的热血青年。他鼓励我积极加入中国共产党，为社会作出更大的贡献。尽管我曾在少林寺习武，担心这会影响我的入党之路，但当我向组织坦诚说明并请求调查时，组织给予了我坚定的信任和支持。当我举起右手，面向鲜红的党旗宣誓时，那一刻，我感受到了前所未有的激动与自豪。

在我成长的历程中，母亲的教导如春风化雨，影响深远。她教导我要诚实、要做一个对社会有用的人。一位朴实的农村妇女严格按照弟子规、五伦、八德来要求我们兄妹。时至今日，母亲的话和当时的画面都始终在我脑海中挥之不去。我记得，家里三间土房子的客厅里始终挂着一张毛泽东主席的画像，儿时的我问母亲，为什么要挂毛主席像啊？母亲说："我们老百姓都爱他啊！"尽管当时年幼的我不太理解这句话的深意，但这个画面和母亲的话却烙在我心里，影响着我、指引着我。我仍然记得 15 岁那年，第一次在公交车上给老人让座时的场景，这一件小事让我收获了别人的赞美，同时在这个过程中我发现我因给别人提供方便而变得非常满足和快乐，从此我便坚持做既能帮助别人又能发挥自己价值的事情。

18 岁的人生像七月的朝阳一样火红，带着理想和信念，我毅然决然地踏上少林寺的求学之路。由于我没有任何基础，并不符合少林寺的入学要求，我便在周边的学校边读书边练习武功，经过三年的勤学苦练和在比赛中取得的优异成绩，我终于被少林寺武僧团正式录取。我的少林寺求学经历证明了一条真理：确定一个信念难，坚持一个信念更难！少林寺的学习经历，不仅培养了我的心性，还磨炼了我的意志。

1991 年年底，我从少林寺返乡并决定创业，释永信法师出公函为我证明身份，还请六位弟子帮助我兴办安徽合肥恒缘少林文武学校。师傅送我出山时，对我的谆谆告诫，我永远铭记于心，他叮嘱我一定要为少林争光，为祖国出力，一定要办好教育，培养出文武全能，德才兼备的有用人才。师傅说，少林是禅宗之净地，尚禅武文化融合，讲究伸张正义、济世天下。他特别强调少林光荣传统文化史，十三棍僧救唐王的事。师傅说，这体现了少林武僧伸张正义、明辨是非、大义凛然的精神，具有推动历史发展的重要意义。师傅要我一定要办好教育，传承这份光荣传统并发扬光大，要我匡扶正义，为民服务，为国争光。

自开办武术学校以来，我一直秉承将少林寺精神与时代精神融会贯通的原则，始终以一名共产党员的标准严格要求自己。办学十余年，学生在国内外大赛中获奖无数，为国家、省市专业队及部队、体育大学输送了一批文武兼备的优秀人才。同时我一直坚持开展爱心助学、援济乡邻和为党旗增辉的爱心公益活动。安徽合肥恒缘少林文武学校还被合肥市评为先进单位，多次在国家和省级比赛及综合评比中获奖。我也多次获得肥西县优秀人大代表和合肥经济技术开发区"优秀共产党员"称号。

作为一名共产党员，在办学过程中，我自觉抵制各种消极腐败现象。2005年母亲节前夕，我听到了一些有损妇女形象的言论，便用手机编发了一些弘扬讴歌女性、赞美母亲的信息，并动员大家积极转发。我还写文章批判不劳而获等不健康的心理或追求，同时召开校内外座谈会，以实际案例告诉学生要端正态度，苦学本领，扎实做人，教育他们相由心生、境随意转，善施福来。

教育是一项需要与时俱进的事业，自办学后我越来越认识到自己的局限性和不足。因此，我曾先后考取了河南政治学院和武汉体育学院，随后我还参加了安徽师范大学研究生班和南京大学、清华大学的 EMBA 班和职业经理人班学习。通过理论学习，我的理想信念更加坚定，这些理论知识的学习也为我后期教育事业的发展与进步打下了扎实的基础。

正是基于这样的理性选择，我决心寻访革命圣地。1996年，当我第一次来到韶山毛主席故居时，我的内心汹涌澎湃，从心底生出一股崇敬与敬仰之情，那一刻我热泪如泉、不能自己。"孩儿立志出乡关，学不成名誓不还。埋骨何须桑梓地，人生无处不青山"，表达了少年毛泽东的豪迈情怀，也深深鞭策并激励着我。短短两天，我们看故居、忆传统、访老人，我不仅精神受到了洗礼，更深的是灵魂得到了净化。这次韶山之行，让我更加坚定内心所选，更自觉地将小我融入大我之中，这对我的人生具有里程碑的意义。

我的教育事业是从创办民办小学武术学校开始的，后逐步扩展到初中、高中以及中专，规模也逐渐发展到3000多名在校生，被合肥市委评为先进集体。受限于当时的资源和政策，大多数民办院校的发展都较为艰难。2005年我们积极创造条件进行转型升级，由民办中专转为高等专科学校，经过三年的准备与努力，教育设施设备、专业设置、师资团队、资金投入等终于达到了民办专科学校的申办条件。于是，学校自2007年正式开始招生，第一年就有2100名学生，三年后在校生突破6000人。

开办一所高校容易，形成一套具有主流价值观和教育特色明显的人才培养模式却很难。我始终记得主持师傅的殷切嘱托，并且一直在努力践行着心里的理想和信念，为此，自 2007 年 5 月起，安徽绿海商务职业学院（以下简称"绿海学院"）每年召开党政联席会，始终围绕着怎么育人，育什么样的人的问题展开讨论。最后明确学院以教学为中心，实行董事会领导下的院长负责制，由院长抓学院正常的教学管理等全面工作，我负责思考绿海学院培养什么样的人的问题，也就是怎样立德树人、用什么样的价值观培养人。

在 2008 年 4 月的党政联席会议上，我提出，当下社会存在三种值得高度警惕的现象：追求正确信仰信念时定力欠缺、弘扬中华优秀传统文化时自信不足、把握教育本质规律时有所偏差。这些现象绝非无足轻重的小问题，也不是某个单一领域的局部问题，而是关乎国家和民族发展的全局性重大问题。实际上，众多专家早已对这些现象表示深切担忧。大学，作为培育未来栋梁的重要阵地，肩负着塑造一代人的历史重任。面对此状，我们该如何抉择？是消极被动地接受现状，还是积极主动地有所作为？绿海学院尽管办学时间不长，却在民办教育改革与创新的历程中积累了一定基础，学院本身就是多年来民办教育改革创新的成果。基于此，我们更应积极主动、勇挑重担，以实际行动回应时代的呼唤！

2008 年五四青年节前夕，我们开展了一场爱国主义教育实践活动，并且以此为契机确定了以后每年青年节活动的主题，即"强国之路，青春使命"。这个主题的灵感来源是 2007 年 5 月 4 日胡锦涛总书记《致中国青年群英会的信》的演讲，他提出希望广大青年努力成为"四个新一代"（理想远大、信念坚定的新一代，品德高尚、意志顽强的新一代，视野开阔、知识丰富的新一代，开拓进取、艰苦创业的新一代）青年，这也成为绿海学院人才培养的总纲领。

2009 年 5 月 2 日，中央向全国青年发出号召，希望同学们把爱国主义作为始终高扬的光辉旗帜，把勤奋学习作为人生进步的重要阶梯，把深入实践作为成长成才的必由之路，把奉献社会作为不懈追求的优良品德。号召一经发出便点燃了绿海学院师生的热情，师生互相传阅，奔走相告，一个个社团，一个个支部都行动起来了，他们要把满腔的热血迸发出来，他们呐喊着、舞动着，要

行动，要实践，要到一线去，到农村去，要到理想信念的发源地去，去学习、去实践、去奉献、去放飞理想、去欢唱心中的歌。理想和信念是最高行动指南，第二天，300 多名绿海学院的学子，背着干粮和帐篷，徒步 200 多里，跃进大别山并开展为期一周的科技下乡、知识下乡、文化下乡的"三下乡"活动。

在大别山的乡村里，绿海学院的师生听了一场讲述红军革命史的报告，并有机会去看望了一位当年仅存的 102 岁的老红军，我们都深受震撼。师生们还到希望小学开展"大手牵小手，青春暖花蕾"活动，后来很多大朋友、小朋友成为了朋友。走进村庄、企业，去学习、去实践，把学到的知识应用到实践中。2009 年 5 月 4 日上午，在金寨红军广场由金寨县委、团县委参加并支持的纪念五四运动 90 周年暨绿海学院"强国之路，青春使命"大学生老区行实践活动启动仪式隆重举行，团省委、金寨县委、红军家属代表、当地群众和绿海学院部分师生 2000 多人参加了活动，现场氛围异常热烈。仪式现场，全院师生在红军广场开展宣誓、倡议、慰问演出等活动并向金寨希望工程捐款 2 万多元。现场领导嘉宾为绿海学院设在金寨革命老区的爱国主义教育基地和大学生创业实训基地揭牌。当天晚上，中央电视台新闻联播节目和中国新闻分别报道了此次活动，这极大地鼓舞了全院师生的热情和斗志。

在时代先锋沈浩的事迹播出后，全院师生很受震动和教育，院领导及时带领部分员工前去接受教育，在现场建立绿海学院大学生社会实践基地和教育基地。追寻沈浩的脚步，完成他未了却的心愿，看望并慰问贫困村民，这给学院师生提供了一次良好的受教育机会，同时尽了一份心意，为小岗村的发展做一些力所能及的工作。

此后，我们还做了大量的走基层、访学生、看望贫困、困难学生的活动。2008 年汶川地震，牵动了所有人的心，全院师生第一时间向灾区捐款近 20 万元，并从此开展了全院师生无偿献血活动。每当胳膊伸出时，同学们说："我们能做什么，此时就是在践行、在行动、在付出、在奉献！事不在小、在于行、在于全力以赴。"我认为一个人一定要以身示范，全力以赴地为社会做些什么。

从此我开始带头献血，2008—2024 年累计献血 9000 多毫升。每个月合肥市献血站的车都会直接开进绿海学院，献血的师生每次都排起长龙。绿海学院自办学以来一直坚持正确的办学方向，把教学与育人相结合，学生德才兼备、知行合一，不光专业素质高，而且作风优良，特别吃苦耐劳，积极融入社会，投身实战，乐于奉献，受到用人单位的一致好评，就业率一直保持在 98%。这也是绿海学院办学以来一直坚持社会主义核心价值观的结果。

党的十八届三中全会开启了改革开放的新征程，同时也开辟了马克思主义中国化的新境界。习近平总书记指出，经济工作是党的中心工作，意识形态工作是党的极端重要的工作。理想信念是共产党人精神上的"钙"，没有理想信念或者理想信念不坚定，精神上就会"缺钙"，就会得"软骨病"。事实上，坚定理想信念已经成为共产党人的生存立命之本。2013 年 12 月 23 日，中共中央办公厅印发《关于培育和践行社会主义核心价值观的意见》，特别强调要加强实践育人基地建设，这不仅包括大学生校外实践教育基地，还有高职实训的基地以及青少年社会实践活动基地。之后，中共安徽省委办公厅也积极响应，出台了相应的实施意见。作为一名忠诚于党的教育工作者，我深感责任重大，理应在当下有所担当，积极作为，贡献力量。

在国家富强、民族振兴和人民幸福的中国梦目标的感召下，我们确定了新目标新战略：致力于创建"绿海·大学文化园暨社会主义核心价值观教育基地"。2013 年年底，我们在合肥举办了马克思主义当代应用与研究研讨会，旨在将马克思主义的科学世界观、价值观和方法论融入"绿海·大学文化园暨社会主义核心价值观教育基地"的建设中来，得到了专家们的广泛支持和认可。我们希望通过系统地规划论证与研究，将整个大学文化园打造成为传播和践行马克思主义的智慧场，激发人民群众潜能的能量场和实现个人价值的梦工场。

为了吸收理想信念的原动力，我与多名专家于 2013 年 12 月 21—26 日和 2014 年 4 月 5—8 日分别去韶山和井冈山开展革命信仰教育活动。2014 年 4 月 13 日，我们在合肥再次举办了"绿海·大学文化园暨社会主义核心价值观教

育基地"规划研讨会，这次研讨会不仅吸纳了许多专家的建议和意见而且成果丰硕，直接推动并成立了安徽省社会主义核心价值体系研究中心。在当今社会，人们利益的多样化导致了价值观念的多元化。我们此举旨在让马克思主义、毛泽东思想和社会主义核心价值观的系统科学理论和方法融合贯通并融入到日常生活中；在中国特色社会主义建设的伟大实践中闪烁其凝人气、聚能量的智慧光芒，使人民群众摸得着、看得见、乐意学、学以用、得实惠。

党的十八大以后，中国特色社会主义进入新时代。伴随着国家改革开放的进一步扩大，职业教育的改革创新也进入深水区。新时代、新征程、新使命，面临新的发展形势，站在新的历史起点上，我们需要审视过去，抓住机遇，面向未来。联系当时的形势和任务，结合学校办学的实际，我重点思考的问题是，如何在新的历史机遇期，激发全体教职工干事创业的动力，开启创新发展的思维，实现事业做大做强的目标。

"不谋全局者，不足以谋一域；不谋万世者，不足以谋一时"。着眼于学校的未来发展，我设定了创建中国式、现代化、国际性的高水平大学的愿景，以进一步增强事业发展的凝聚力与向心力。同时，厘清了"政治建校、文化塑校、质量兴校、人才强校、特色扬校"的办学思路。提出了"高质量办学、高层次升学、高质量就业"和创建"党建引领示范校、三全育人建设校、总经理助理炼造校"的工作目标。具体到工作实践上，着力实施党建引领工程、文化传承与创新工程、星青年人才培养模式创新工程、创新创业工程。

作为20多年党龄的老党员，我深刻体会到，党建能够形成凝聚力、向心力，产生战斗力、生产力、影响力。我们创建了"一核""两创""五入"党建工作机制。"一核"是以理想信念教育为核心。"两创"为创建平台载体、创新融合共建。"五入"即党的领导融入治理体系、党的建设嵌入日常管理、党的理论汇入思政教育、红色基因注入绿海文化、党建工作纳入综合考核。同时，党委紧紧抓住关键少数，大力开展系列主题教育和实践教育活动，持续强化党员干部理论武装、党性修养和理想信念，举办读书班研讨会，学习党的创新理论和职业教育政策方针，着力推进基层组织标准化建设工程、党建领航计划、"一支部一品牌"和"星级支部"创评活动，促进"强基础、提质量、创品牌"取得显著成效。鉴于学校党建工作的特色和成果，2024 年我作为全国民办高职院校的代表，特别受邀在中国职业教育学会党建工作委员会年会上作典型发言。

2017 年，为深入贯彻落实《关于实施中华优秀传统文化传承发展工程的意见》，我多次拜访南开大学的齐善鸿教授、山东孔子文化研究院的杨朝明教授、浙江社科院的吴光教授等一批文化名家。一方面我亲自登门请教，一方面邀请他们来校指导，这逐步增强了我们文化传承与创新的自知自信自觉。我们通过开展"中华优秀传统文化巡礼""和经典同行，与圣贤为友"、举办"君子学堂"、开设"六艺堂"等一系列举措大力实施"文化塑校"工程。还特别创建了星青年文化广场、党建文化馆、江淮国学大讲堂、星青年文化讲堂等一批文化平台载体。依托这些平台载体，我们组织开展了一系列文化活动，一大批学者名家走进校园，校园里洋溢着浓厚的文化氛围，有力促进了"三风建设"，较好地发挥了潜移默化的文化育人功能。我也更加深刻地体会到教育家涂又光提出的"泡菜"理论的重要价值。深入学习习近平文化思想以后，我们对学校的文化建设进行总结凝练，全面构建了以"三大文化"为主脉，以星青年文化为特色，以徽商文化、科技文化、双创文化、实践文化、网络文化为基本内涵的校园文化体系。

习近平总书记明确指出：培养什么人、怎样培养人、为谁培养人是教育的根本问题。2014 年，我们邀请北京大学教授参加学校举办的人才培养模式创新研讨会。会上我联系自己多年的办学和创业实践，从立德树人的根本出发，结合新时代对高等教育的要求、高职院校的学生实际和市场对人才的需求，提出我们培养的人才应该是"理想信念坚定、家国情怀深厚、道德品质高尚、职业技能过硬、乐于奉献社会"的时代新人。后来，专家们经过深入研讨，提出了"星青年"的人才概念，其中"星"字蕴含"爱国、自强、担当、闪光"之意。按照这个目标，我们在理论和实践上经过多年探索，逐步形成了具有时代性、

体系性、创新性的星青年人才培养模式，并不断丰富其特点内涵和路径举措，在久久为功和实践检验之后，终于打造出特色鲜明、内涵深厚、成效显著、被社会赞誉的"星青年"人才品牌，从而极大地提升了学校的核心竞争力。

创新改变世界，创业成就英雄。在全民创业、万众创新的号角声中，2016年3月11日，学校牵头创建安徽省高等职业院校创新创业联盟，吸引全省20多家高职院校加盟。此后，联盟围绕双创研究、双创教育、双创实践、双创孵化、双创论坛五大职能做了大量工作。特别是联盟多次组织举办全省高职院校双创师资培训班，培养了一大批双创导师，在推动全省高校创新创业意识和能力上发挥了重要的引领、服务作用。学校也借此机会，发挥优势，成立了星青年双创俱乐部、双创学院和双创培训中心。

党的十九大之后，我国职业教育蓬勃发展，职业教育改革方兴未艾，职业教育"又好又快"发展、供给侧改革、高质量发展成为新的重大课题。民办高校如何顺势而为，在新一轮的竞争中赶、学、比、超，开拓创新，走出一条内涵式、高质量发展的道路，是亟待破解的一道难题。

十分有幸的是，2017年之后，我陆续参加了中国职业技术教育学会举办的全国职业院校校长办学治校能力提升班的学习培训活动，多次接受教育部有关领导、学会领导和全国知名职教专家的指导，经常性地与全国职教界的同行们一起交流研讨，考察了20多所典型的职业院校。2022年之后，我还参加了几期国家教育行政学院举办的新时代职业教育高质量发展研讨班的学习培训活动。经过持续的学习培训、考察交流，我对职业教育的方针政策、发展趋势的把握更加精准，对职业教育内涵式、高质量发展的思路更加清晰，也从兄弟院校成功的办学经验中得到诸多启示，这些对于引领指导学校的高质量发展起到了至关重要的作用。

对于一所大学，履行"五大职能"是职责本份。我常常思考，我们要秉持教育的理想信念，摒弃功利性和浮躁心。在办好学校的同时，更要重点考虑怎样去彰显大学的支撑、服务、创新、引领、辐射功能，我们应该以更加广阔的视野、长远的目光和强烈的社会责任感，去展现大学存在的意义和具有的价值，这才是它根本而永恒的追求。也唯有如此，一所大学才能不断焕发生机活力，永葆事业常青。

2019年，《国家职业教育改革实施方案》出台，"双高"计划启动实施。实事求是地讲，那时学校的综合实力离"双高"的标准要求还有不小的差距。我想虽然我们只是一所普通的民办高校，但不能妄自菲薄、徘徊不前。这不仅是为了应对眼前的竞争，更重要的是为了心中的教育理想和追求，所以必须抓住这个难得的政策机遇，乘势而上，攻坚克难，通过实施"双高"计划来引领推动学校高质量发展。

学校在前期参与安徽省技能型高水平大学项目建设的基础上，积极调整发展目标，在我的倡导下专门成立了高水平大学建设办公室，统筹推进"双高"计划。在此过程中，我带领学校领导班子成员组织全校教职工围绕"双高"指标进行对标对表深入分析研究，从中找差距，查不足，补短板。同时我们不断邀请一批全国知名的职教专家进校给予深入诊断指导，合力出谋划策。在此基础上，我提出"产教融合、校企合作、科技融汇全贯通，网络化、信息化、智能化全融入"的基本思路，积极推动教育链、产业链、创新链、人才链"四链"有机衔接，着力写好政行企校合作办学、协同育人大文章。

精准对接学校教育与企业需求是产教融合、校企合作的核心。我们先后与北京华航、北大青鸟、科大讯飞、华为科技、蔚来汽车、孪生宇宙、卡其动漫、海尔等近50家知名企业进行深度合作。通过整合资源，多方联动，紧密结合地方产业特色与优势，积极探索产教融合和应用型人才培养的模式和机制改革，共建产业学院、实习实训基地。为了推动专业课程体系的改革创新，我们推行了五大举措：一是根据行业需求和企业要求，增加实践教学环节比重；二是融入职业技能标准与行业认证，重构课程体系和课程标准；三是结合产业发展需求，开设新兴课程；四是与企业共同开发活页式教材，引入"云教材"平台；五是着力提高"双师"教师的比例和教科研水平。同时，我们还通过开展项目

制教学、建设实训基地、加强职业规划指导、提升创新创业教育质量，增强学生的实践能力和就业创业能力。

2023年，学校被安徽省教育厅确立为"双高"计划高水平专业群建设单位，艰辛的付出之后终于有了可喜的回报。我深感欣慰的是，在实现这一目标的过程中，全体师生展现了众志成城、全力以赴、拼搏奋进的精神状态，生动诠释了"自强不息、知行合一、合作共享、内圣外王"的绿海精神。近年来，师生在质量工程项目、职业技能大赛、教学能力大赛、职业规划大赛、创新创业大赛等项目角逐中获奖200余项，其中国家级项目赛事奖30余项。"半山爬坡不言难，直指高峰勇向前"，坚定的理想信念和顽强的精神意志之下，一项项标志性成果得以突破，综合实力和关键办学能力明显跃升，质量和内涵建设取得显著成效，极大地促进了政行企校的融合，增强了学校对地方经济发展的贡献度、科技创新的支撑力、服务社会的影响力，这也离我心目中追求的理想大学的目标又近了一大步。

2024年1月，学校牵头创建安徽数字创意职业教育集团。为进一步落实教育部"一体两翼五重点"部署，推进"五金"项目建设，2025年3月，该集团成功转设为长三角数字创意与3D打印行业产教融合共同体。共同体坚持产教融合、校企合作，构建开放共享的职业教育体系，推动数字创意与3D打印领域人才培养、科研创新和技术应用的深度融合，助力长三角一体化和安徽"三地一区"建设。共同体联合职业院校、科研机构、上下游企业、行业组织等120多家单位，协同培养高素质、适应性强的专业人才，推动数字创意和3D打印技术创新和行业发展。

在职业教育国际化的浪潮中，绿海学院积极履行社会责任，为越南、乍得等发展中国家制定职业教育标准，培养了一大批符合市场需求的高素质技术技能人才，促进了当地经济发展。此外，绿海学院也跻身于中阿高校"10+10"合作项目的行列之中，该项目旨在通过多维度、深层次的交流与合作，共同激发教育、科技、文化等领域的发展活力。

2023 年 3 月，爱国华侨陈嘉庚之孙、中马总商会会长陈有信先生来绿海学院访问，我们双方因而结缘。我想这个缘分主要是来自于爱国的情怀和教育的责任。当陈有信先生了解到绿海学院十分重视爱国主义教育，并无私奉献教育事业，他非常感动，不禁赞叹，这就是陈嘉庚精神的生动体现。此后，陈先生积极推动绿海学院与马来西亚吉隆坡建设大学进行合作。

2023 年 5 月，经省外事办遴选，合作项目入选参加由中国人民对外友好协会和安徽省人民政府主办的 RCEP 友城合作黄山高峰论坛。在全国人大常委会领导、东盟政要、省委省政府领导的共同见证下，并购马来西亚吉隆坡建设大学项目顺利签约。该项目也得到了与会领导的充分肯定，特别受到王清宪省长的关注关怀。鉴于在此次论坛上的突出表现，省外事办还专门向我们送达了感谢信。

正是基于以上的合作项目及成果，项目入选"2024 走向世界职业教育方案——共建'一带一路'职业教育合作成果"优秀案例。这也充分证明，在共建"一带一路"和服务大国外交上，我们的工作具有十分重要的价值和意义。

2024 年 12 月，马来西亚吉隆坡建设大学顺利更名为吉隆坡科技大学，确立了"合作多赢、服务地方、产教融合、东盟争先"的办学宗旨，下一步将创建微软软件学院、人工智能学院、华为科技学院、德马工业互联网学院、中亚信息技术学院、南洋理工学院、新加坡全球青年领导者教育学院，创建"一带一路"新质生产力产教融合协同创新中心、中国东盟产教融合国际合作共同体，共建合作办学国际项目、共搭国际交流合作平台、共研职业教育国际标准、共享"一带一路"办学成果，合力打造现代应用型大学。在服务国家战略需求、促进国际合作与交流、培养出海企业需求的人才、推动产教融合与校企合作、联动提升绿海学院国际化水平等方面，谱写吉隆坡科技大学的新篇章。

回顾前面走过的 30 多年的人生事业之路，万千感慨难以尽述。从一个乡村青年到一个高校创办者，从办一所乡村武校到一所高水平大学，无论是个人成长还是事业发展，都难免要几经曲折磨难，总有成败得失，好在我的初心纯

净，生性向善向上，信念利他利民，因而事业也是不断向好。我发自肺腑地感恩这个伟大的时代，感恩党的领导教育，感谢政府的关怀信任，感谢每一位给予关心指导、帮助支持的贵人！

还要特别感谢的就是理想信念，事实上我的个人成长和事业发展都是在理想信念的引领下实现的。"信仰是灯塔，可以照亮黑夜的道路；信念是火焰，可以让奋斗者凤凰涅槃、浴火重生""用爱做卓越的我，奋勇担起明天神圣的职责""成就一学生，幸福一家庭""相信自己，相信明天，相信相信的力量"……在我的眼中，这些话总是闪烁着光芒，在我的内心里，产生无穷无尽的力量，时刻引导我激情奋斗。创业者的坚定执着、教育者的情怀担当，都是在对理想信念的追求中精彩呈现的。只有播下理想信念的种子，我们的人生事业才能生根发芽、开花结果。

"不忘初心铸职教精品，牢记使命育时代新人"。让我们坚定理想信念，在教育强国的伟大征程中携手奋进、砥砺笃行。

陈孝云

安徽绿海商务职业学院董事长

安徽数字创意职业教育集团理事长

星青年文化研究院院长

马来西亚吉隆坡科技大学董事局主席

2025 年 4 月